My Turning Point, Korean

Jeongsoo Pyo

한글파크

Preface

My students' turning point, Korean

Online is a great place for people who want to learn a language. As a Korean teacher, I meet students all over the world every day. Today, I started my morning fresh with an elementary school student in Macedonia, then an attorney in Los Angeles, a high school student in Spain, a flight attendant in Ohio, U.S., a college student in Guatemala, a graduate student in Massachusetts, U.S., a housewife in Denver, U.S., a banker in Hong Kong, a high school teacher in the Philippines, an office worker in Taiwan, and I ended my long day with an English teacher in Korea. Crossing the world, I listen to my students' stories about Korea and the Korean language. Korean is not just a language, but it has a special meaning in their life. For them, Korean is a way of discovering the world and living in this world. Therefore, Korean could play the main role as a turning point in their life. I would like to convey their voices through this book.

Introduction

Engaging seven stories with an appropriate level for Integrating five skills

With the K-wave, we have seen an increase in interest in the Korean language and culture. While teaching online, I saw many people study Korean on their own, using K-dramas, K-pop music, webtoons, and K-variety shows. They want to know what Koreans are saying in them. Despite their strong interest in Korean, many of them could not progress beyond a beginner's level. In particular, the students in a high beginner level or low intermediate level start to learn various sentence structures after finishing the basic tenses, to expand simple sentences to complex ones as well as begin to build up an extensive vocabulary. In this stage, reading could play an important role in helping them go beyond the beginner level. Even though there are many reading materials around us, most of them are for native Korean speakers. Some of my passionate students in a high beginner level or low intermediate level, wanted to study a short story series they bought from Amazon. Even though the books were designed for intermediate readers, some of the expressions were awkward due to the translation from English to Korean and the reading level was not appropriate for their level.

In addition, when I learned French and English, reading books far beyond my level was not helpful. It discouraged me greatly. I remembered that I spent a great deal of time looking up words in the dictionary, which ultimately made me disengage from the story. My teaching and learning experiences have motivated me to create engaging reading materials at an appropriate level for these students. As a result, I have written and compiled seven interesting student stories from around the world. I have also attempted to capture their unique voices as high-beginner students of Korean for other students in similar situations.

Further, I tried to approach my book in a way so that as students read, 1) they learn vocabulary, grammar, sentence structures, and culture, 2) they interact with the text in pre-reading and post-reading activities, and 3) they practice five skills (speaking, listening, reading, writing, and grammar) associated with the reading. Integrating the five skills into engaging stories is an effective strategy for contextualized language use in the context of authentic texts rather than fragmented studies of language usage out of context.

HOW TO USE THIS BOOK

I designed this book as follows:

❶ 생각해 보기
enables learners to draw on their background knowledge before reading.

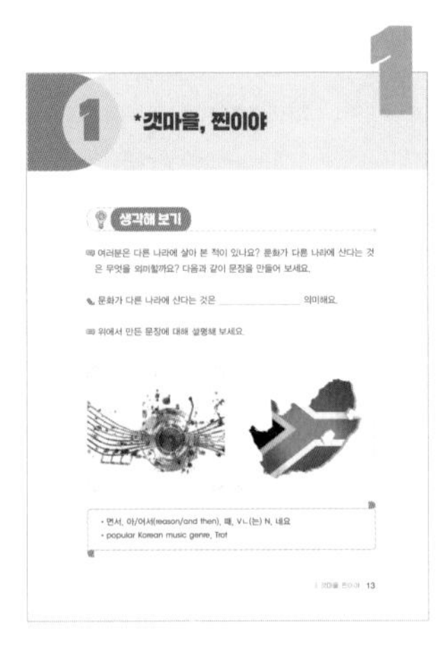
1

1 *갯마을, 찐이야

생각해 보기

여러분은 다른 나라에 살아 본 적이 있나요? 문화가 다른 나라에 산다는 것은 무엇을 의미할까요? 다음과 같이 문장을 만들어 보세요.

문화가 다른 나라에 산다는 것은 ______________ 의미해요.

위에서 만든 문장에 대해 설명해 보세요.

- 면서, 아/어서(reason/and then), 때, V-ㄴ(는) N, 네요
- popular Korean music genre, Trot

13

2

읽기

찐찐찐찐 찐이야 완전 찐이야 진짜가 나타났다 지금
찐찐찐찐 찐이야 완전 찐이야 찐하게 사랑할거야
(영탁의 '찐이야')

오늘도 찐이 씨는 이 트로트 음악에 맞춰 한국 아주머니들과 같이 신나게 라인댄스를 추고 있어요. 찐이 씨 아프리카 머리 *터번이 정말 멋있네요. 같이 춤을 추는 아주머니들은 엄지척을 하면서 찐이 씨에게 "찐 최고!"를 외쳐요. 찐이 씨는 밝게 웃어요. 찐이 씨의 춤추는 *모습, 생각만해도 재미있네요! 이 아프리카 *아가씨가 왜 한국 아주머니들과 친하게 지내면서 라인댄스를 추고 있을까요? 저는 찐이 씨의 한국 이야기를 하려고 해요.

찐이 씨는 한국에서 한국 이름으로 살고 있어요. 이름은 우리 자신을 나타내 주는 아주 중요한 거예요. 사실 '찐'은 댄스 수업 아주머니들이 만들어 준 *별명이에요. 찐이 씨는 *남아프리카 공화국에서 왔어요. 아주머니들은 찐이 씨의 아프리카 이름이 너무 어려웠어요. 그래서 찐이 씨를 찐이라고 부르기로 했어요. '찐이야'는 가수 영탁이 부르는 트로트 노래인데 그 노래에서 나오는 말이 '찐'이에요. 한국말로는 '진짜'라는 뜻이에요. 그 가사 부분이 아주 신나고 자꾸 생각이 나요. 가수의 춤도 아주 재미있어요. 그래서 '찐'이라는 말이

❷ 읽기
tells interesting stories from Korean learners using a polite informal speech style (all the names in stories are pseudonyms). Using a polite informal speech style would be appropriate for high beginner level learners and helpful for practicing speaking and listening skills in a real conversation.

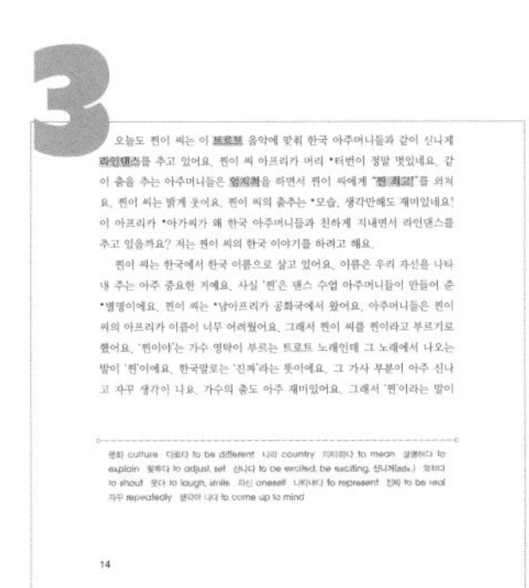

오늘도 찐이 씨는 이 트로트 음악에 맞춰 한국 아주머니들과 같이 신나게 라인댄스를 추고 있어요. 찐이 씨 아프리카 머리 *터번이 정말 멋있네요. 같이 춤을 추는 아주머니들은 엄지척을 하면서 찐이 씨에게 "찐 최고!"를 외쳐요. 찐이 씨는 밝게 웃어요. 찐이 씨의 춤추는 *모습, 생각만해도 재미있네요! 이 아프리카 *아가씨가 왜 한국 아주머니들과 친하게 지내면서 라인댄스를 추고 있을까요? 저는 찐이 씨의 한국 이야기를 하려고 해요.

찐이 씨는 한국에서 한국 이름으로 살고 있어요. 이름은 우리 자신을 나타내 주는 아주 중요한 거예요. 사실 '찐'은 댄스 수업 아주머니들이 만들어 준 *별명이에요. 찐이 씨는 *남아프리카 공화국에서 왔어요. 아주머니들은 찐이 씨의 아프리카 이름이 너무 어려웠어요. 그래서 찐이 씨를 찐이라고 부르기로 했어요. '찐이야'는 가수 영탁이 부르는 트로트 노래인데 그 노래에서 나오는 말이 '찐'이에요. 한국말로는 '진짜'라는 뜻이에요. 그 가사 부분이 아주 신나고 자꾸 생각이 나요. 가수의 춤도 아주 재미있어요. 그래서 '찐'이라는 말이

문화 culture 다르다 to be different 나라 country 의미하다 to mean 설명하다 to explain 맞추다 to adjust, set 신나다 to be excited, be exciting, 신나게(adv.) 외치다 to shout 웃다 to laugh, smile 자신 oneself 나타내다 to represent 진짜 to be real 자꾸 repeatedly 생각이 나다 to come up to mind

14

❸ 단어

helps learners understand new vocabulary in context. I have attempted to use vocabulary appropriate for the high beginner level. More challenging words beyond the high beginner level are appearing in the appendix.

❹ 읽은 내용 확인하기

provides reading comprehension questions to help learners better understand the meaning of the passage.

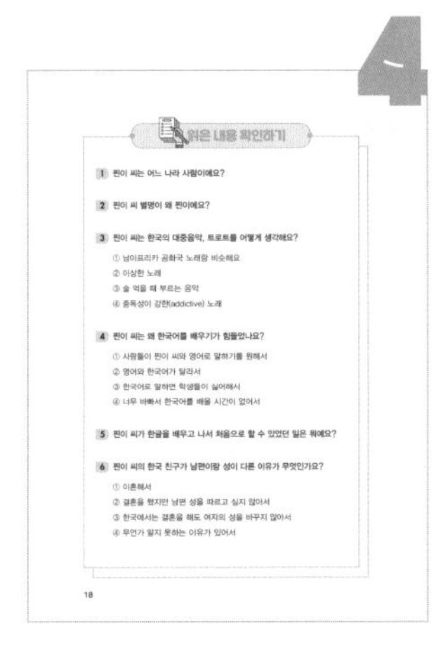

읽은 내용 확인하기

1 찐이 씨는 어느 나라 사람이에요?

2 찐이 씨 별명이 왜 찐이에요?

3 찐이 씨는 한국의 대중음악, 트로트를 어떻게 생각해요?

① 남아프리카 공화국 노래랑 비슷해요
② 이상한 노래
③ 술 먹을 때 부르는 음악
④ 중독성이 강한(addictive) 노래

4 찐이 씨는 왜 한국어를 배우기가 힘들었나요?

① 사람들이 찐이 씨와 영어로 말하기를 원해서
② 영어와 한국어가 달라서
③ 한국어로 말하면 학생들이 싫어해서
④ 너무 바빠서 한국어를 배울 시간이 없어서

5 찐이 씨가 한글을 배우고 나서 처음으로 할 수 있었던 일은 뭐예요?

6 찐이 씨의 한국 친구가 남편이랑 성이 다른 이유가 무엇인가요?

① 이혼해서
② 결혼을 했지만 남편 성을 따르고 싶지 않아서
③ 한국에서는 결혼을 해도 여자의 성을 바꾸지 않아서
④ 무언가 말지 못하는 이유가 있어서

18

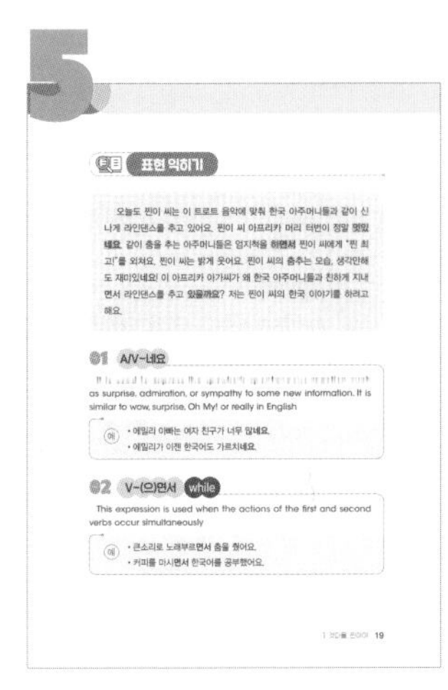

표현 익히기

오늘도 찐이 씨는 이 트로트 음악에 맞춰 한국 아주머니들과 같이 신나게 라인댄스를 추고 있어요. 찐이 씨 아프리카 머리 터번이 정말 멋있네요. 같이 춤을 추는 아주머니들은 엄지척을 하면서 찐이 씨에게 "찐 최고!"를 외쳐요. 찐이 씨는 밝게 웃어요. 찐이 씨의 춤추는 모습, 생각만해도 재미있네요! 이 아프리카 아가씨가 왜 한국 아주머니들과 친하게 지내면서 라인댄스를 추고 있을까요? 저는 찐이 씨의 한국 이야기를 하려고 해요.

01 A/V-네요

[illegible] as surprise, admiration, or sympathy to some new information. It is similar to wow, surprise, Oh My! or really in English

예
• 에밀리 아빠는 여자 친구가 너무 많네요.
• 에밀리가 이젠 한국어도 가르치네요.

02 V-(으)면서 while

This expression is used when the actions of the first and second verbs occur simultaneously

예
• 큰소리로 노래부르면서 춤을 췄어요.
• 커피를 마시면서 한국어를 공부했어요.

19

❺ 표현 익히기

assists learners to better understand meaning as the grammar sections show how sentences should be put together in an acceptable structure. In this book, grammar is a tool to understand meaning through which learners enjoy others' stories. I tried to use appropriate grammar for high beginner-level learners by exposure to comprehensible written input. In addition, the grammar pattern used in each story is indicated on the first page of each story. Grammar points throughout the various stories build upon one another as the reader progresses through the book so that learners are able to practice grammar in various contexts.

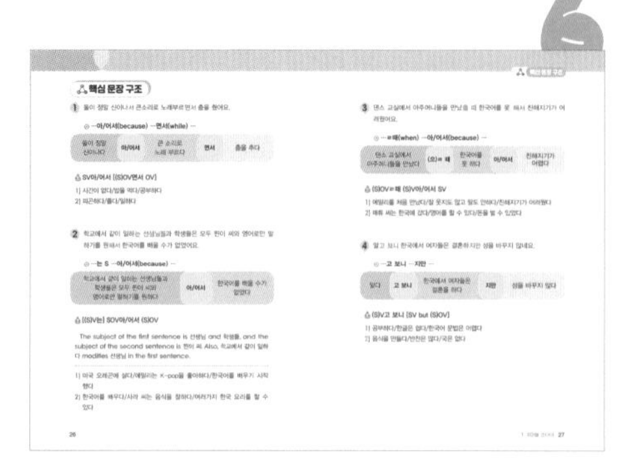

❻ 핵심 문장 구조

helps learners understand how to connect multiple sentences using different grammar points.

❼ 핵심 문장 구조 연습

helps learners practice making sentences after learning complicated sentence structures. Through pictures, learners will have opportunities to practice productive language skills (speaking and writing).

❽ 토론하기(쓰기)

gives learners the opportunities to dive deeper into topics related to the main story. In the discussion sections, learners will practices speaking and listening skills as well as improve their reading comprehension in Korean. These sections may also be used as a writing activity when appropriate.

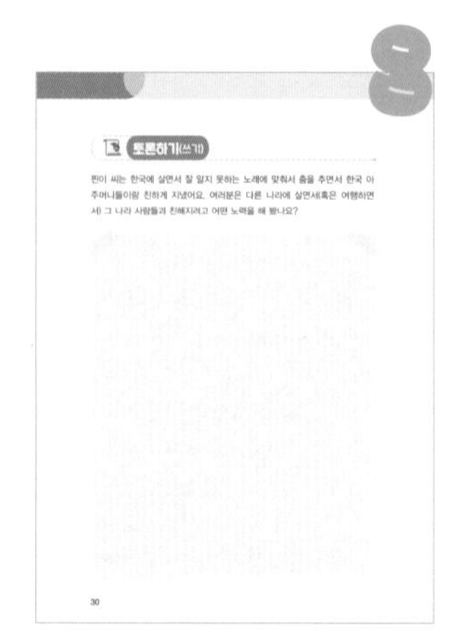
토론하기(쓰기)

핀이 씨는 한국에 살면서 잘 알지 못하는 노래에 맞춰서 춤을 추면서 한국 아주머니들이랑 친하게 지냈어요. 여러분은 다른 나라에 살면서(혹은 여행하면서) 그 나라 사람들과 친해지려고 어떤 노력을 해 봤나요?

30

⑨ 한국 문화

helps learners better understand Korean culture that appears in the story. Main cultural topics related to the reading passage are indicated on the first page of the story.

한국 문화

- 영탁의 '찐이야': 영탁 is a trot singer in South korea and one of his famous songs is '찐이야'.
- 트로트(trot): one of the Korean popular music genres
- 라인댄스(line dance): It stems from American line dance, but nowadays Koreans like to line dance to popular Korean songs like trot songs. Many dance classes provide line dance classes and many Korean women spend their free time learning line dances as a hobby.
- 엄지척 (thumbs up) & 찐 최고 (the best)!: When something or someone is the best, Koreans like to say, "최고" (the best) by extending their thumbs upward.
- 소주: a distilled alcoholic beverage made in South Korea
As you probably have noticed, Korean people drink 소주 in many K-dramas. 소주 is more than just an alcoholic beverage, and it has a significant cultural meaning in Korean society as a symbol of solidarity. When drinking, people are a part of that group sharing and strengthening their sense of collective harmony. That's why we can see office workers or a group of people getting together to eat and drink after working in K-dramas.

31

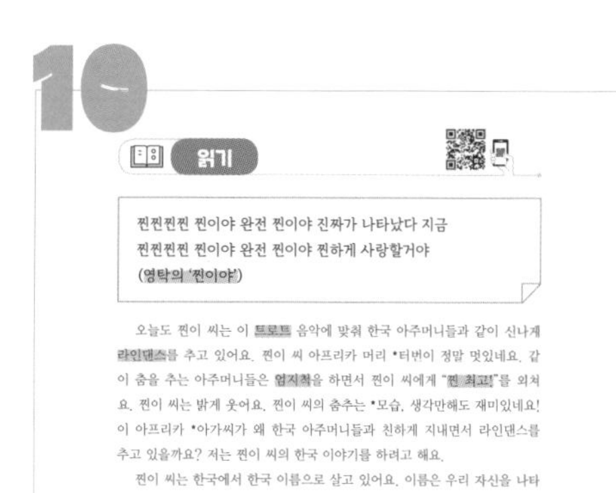

읽기

찐찐찐찐 찐이야 완전 찐이야 진짜가 나타났다 지금
찐찐찐찐 찐이야 완전 찐이야 찐하게 사랑할거야
(영탁의 '찐이야')

오늘도 찐이 씨는 이 트로트 음악에 맞춰 한국 아주머니들과 같이 신나게 라인댄스를 추고 있어요. 찐이 씨 아프리카 머리 *터번이 정말 멋있네요. 같이 춤을 추는 아주머니들은 엄지척을 하면서 찐이 씨에게 "찐 최고!"를 외쳐요. 찐이 씨는 밝게 웃어요. 찐이 씨의 춤추는 *모습, 생각만해도 재미있네요! 이 아프리카 *아가씨가 왜 한국 아주머니들과 친하게 지내면서 라인댄스를 추고 있을까요? 저는 찐이 씨의 한국 이야기를 하려고 해요.

찐이 씨는 한국에서 한국 이름으로 살고 있어요. 이름은 우리 자신을 나타

⑩ 오디오 듣기

helps learners improve their listening skills. To stream audio recordings, scan the QR code using your mobile phone camera.

Table of Contents

map of the world

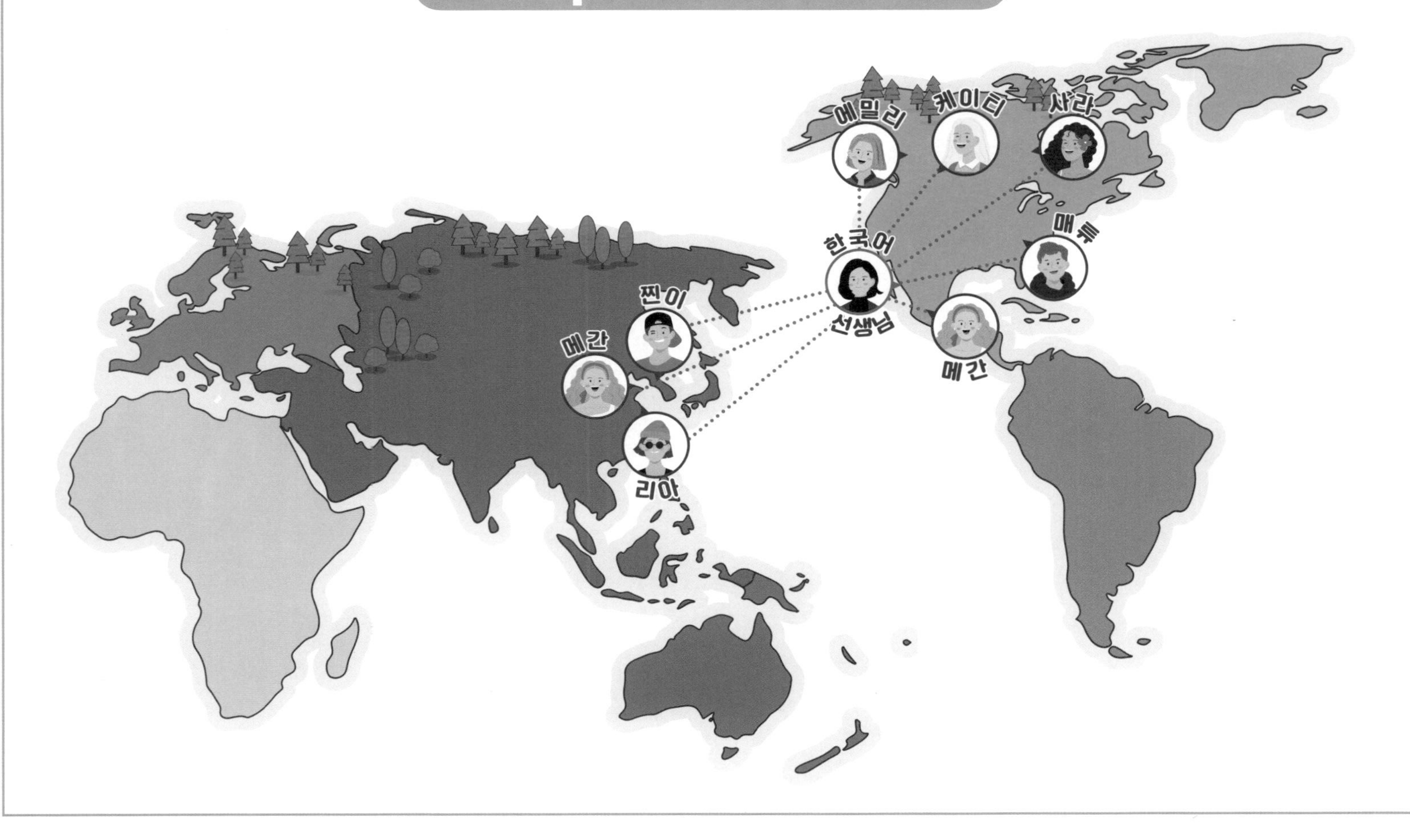

*갯마을, 찐이야

생각해 보기

여러분은 다른 나라에 살아 본 적이 있나요? **문화**가 **다른 나라**에 산다는 것은 무엇을 **의미할**까요? 다음과 같이 문장을 만들어 보세요.

문화가 다른 나라에 산다는 것은 ________________ 의미해요.

위에서 만든 문장에 대해 **설명해** 보세요.

- 면서, 아/어서(reason/and then), 때, Vㄴ(는) N, 네요
- popular Korean music genre, Trot

읽기

> 찐찐찐찐 찐이야 완전 찐이야 진짜가 나타났다 지금
> 찐찐찐찐 찐이야 완전 찐이야 찐하게 사랑할거야
> (영탁의 '찐이야')

오늘도 찐이 씨는 이 트로트 음악에 **맞춰** 한국 아주머니들과 같이 **신나게** 라인댄스를 추고 있어요. 찐이 씨 아프리카 머리 *터번이 정말 멋있네요. 같이 춤을 추는 아주머니들은 엄지척을 하면서 찐이 씨에게 "찐 최고!"를 **외쳐요**. 찐이 씨는 밝게 **웃어요**. 찐이 씨의 춤추는 *모습, 생각만해도 재미있네요! 이 아프리카 *아가씨가 왜 한국 아주머니들과 친하게 지내면서 라인댄스를 추고 있을까요? 저는 찐이 씨의 한국 이야기를 하려고 해요.

찐이 씨는 한국에서 한국 이름으로 살고 있어요. 이름은 우리 **자신**을 **나타내** 주는 아주 중요한 거예요. 사실 '찐'은 댄스 수업 아주머니들이 만들어 준 *별명이에요. 찐이 씨는 *남아프리카 공화국에서 왔어요. 아주머니들은 찐이 씨의 아프리카 이름이 너무 어려웠어요. 그래서 찐이 씨를 찐이라고 부르기로 했어요. '찐이야'는 가수 영탁이 부르는 트로트 노래인데 그 노래에서 나오는 말이 '찐'이에요. 한국말로는 '**진짜**'라는 뜻이에요. 그 가사 부분이 아주 신나고 **자꾸 생각이 나요**. 가수의 춤도 아주 재미있어요. 그래서 '찐'이라는 말이

문화 culture 다르다 to be different 나라 country 의미하다 to mean 설명하다 to explain 맞추다 to adjust, set 신나다 to be excited, be exciting, 신나게(adv.) 외치다 to shout 웃다 to laugh, smile 자신 oneself 나타내다 to represent 진짜 to be real 자꾸 repeatedly 생각이 나다 to come up to mind

한국에서 아주 **유행했어요**. 댄스 수업에서도 이 노래를 자주 **사용했어요**. 그래서 아주머니들이 찐이 씨 이름을 '찐' 이라고 지었어요. 아주 재미있죠?

그런데 찐이 씨는 이 이름을 어떻게 생각할까요? 저랑 처음에 온라인에서 만났을 때 찐이 씨는 자신을 찐이라고 **소개했어요**. 자신을 소개하면서 자신의 이름과 노래에 대해서 설명해 줬어요. "처음 들어보는 음악이에요. 자꾸 생각이 나요. 마치 노래를 부르는 가수가 소주에 **취한** 것 같아요." 웃으면서 찐이 씨가 말했어요. 저랑 한국어 *자음과 *모음을 배우고 *자막을 보면서 이 노래를 같이 불렀어요. 둘이 정말 신이 나서 큰 소리로 노래 부르면서 춤을 췄어요. 제가 학생들을 가르치면서 춤을 춰 보기는 처음이었어요. 물론 찐이 씨 한글 읽기 **실력**은 아주 훌륭했어요. 하하하 정말 찐이 씨가 찐이라는 이름과 노래를 좋아해요.

찐이 씨는 한국에서 다른 일도 하면서 살고 있어요. 찐이 씨는 한국의 작은 *어촌 마을에 사는 영어 선생님이에요. *초등학교 학생부터 *고등학교 영어 선생님들까지 다양하게 가르쳐요. 한국에 오기 전에 찐이 씨는 남아프리카공화국에서 *회계사였어요. 선생님이 되고 싶었지만 부모님 때문에 회계사가 됐어요. 회계사의 **삶**도 나쁘진 않지만 새로운 삶에 **도전하고** 싶었어요. 그래서 한국 영어 선생님으로 **지원해서** 1년 반 전에 한국에 왔어요. **드디어** 선생님이 됐어요. "전 가르치는 것을 좋아해요. 한국이 좋아요." 찐이 씨가 웃으면서 말했어요.

찐 영어 선생님으로 살아가는 찐이 씨는 요즘 열심히 하고 있는 일이 있어요. 바로 한국어 배우기예요. 한국을 좋아하는 찐이 씨지만 한국어는 쉽지 않

유행하다 to be in fashion, catch on **사용하다** to use **소개하다** to introduce **취하다** to be drunk **실력** capability, skills **삶(생활, 인생)** life, **살다(v.)** to live **도전하다** to challenge **지원하다** to apply **드디어** finally

은 것 같아요. 학교에서 같이 일하는 선생님들과 학생들은 모두 찐이 씨와 영어로만 말하기를 원해서 한국어를 배울 수가 없었어요. 한국어를 못 해서 한국 생활이 너무 불편했어요. 파리 바게뜨에 가서 빵을 산 후 *영수증을 **부탁할** 때도 손으로 영수증을 **그려요**. 또한 댄스 교실에서 아주머니들을 만났을 때 한국어를 못 해서 친해지기가 어려웠어요. 찐이 씨의 새로운 삶에 **언어**는 아주 중요하네요. 그래서 저와 온라인 한국어 수업을 **시작했어요**.

온라인 한국어 수업을 하면서 찐이 씨는 많은 것을 알게 됐어요. 한글을 배우고 나서 한국어로 학생들 이름을 읽을 수 있게 되었어요. 배우기 전에는 영어로 학생들의 한국어 이름을 읽었거든요. **친하게 지내는** 한국 친구가 있었는데 남편이랑 *성이 달라서 **이상하게** 생각했지만 물어볼 수가 없었어요. 알고 보니, 한국에서 여자들은 결혼해도 성을 **바꾸지** 않네요. 또한 댄스 교실에서 같이 춤을 추는 아주머니들을 처음에 아줌마로 불렀어요. 그런데 아주머니들이 아주 싫어했어요. 찐이 씨는 이해할 수가 없었어요. 그런데 제 수업에서 아주머니와 아저씨에 대해서 배우고 보니 이제 아주머니들을 이해할 수 있네요. 또한 찐이 씨는 한국 사람들이 언니와 오빠라는 말을 많이 사용해서 이상하게 생각했어요. 한국 사람들은 가족이 많다고 생각했어요. 한국어를 배우면서 많은 *수수께끼들이 *풀리고 있어요.

찐이 씨는 한국에서 **새로운** 삶을 살고 있어요. 새로운 이름과 **직업**을 가지고 한국사람들이랑 즐겁게 살아요. 찐이 씨는 한국어를 배우면서 한국을 많이 이해하게 됐어요. 찐이 씨가 한국어를 잘하게 되면 한국에서의 생활이 더 즐거워지겠죠? 그러면 아프리카 터번을 두르고 트로트 음악에 맞춰서 춤을 추

부탁하다 to ask a favor 그리다 to draw 언어 language 시작하다 to start, begin 친하다 to be close, intimate, 친하게(adv.) closely, intimately 지내다 to spend time, to get along 이상하다 to be weird, strange, 이상하게(adv.) weirdly, strangely 바꾸다 to change 새롭다 to be new 직업 job

는 찐이 씨가 **점점** 더 한국을 찐하게~~~ 사랑하게 될 거예요.

점점 gradually

1 찐이 씨는 어느 나라 사람이에요?

2 찐이 씨 별명이 왜 찐이에요?

3 찐이 씨는 한국의 대중음악, 트로트를 어떻게 생각해요?

① 남아프리카 공화국 노래랑 비슷해요

② 이상한 노래

③ 술 먹을 때 부르는 음악

④ 중독성이 강한(addictive) 노래

4 찐이 씨는 왜 한국어를 배우기가 힘들었나요?

① 사람들이 찐이 씨와 영어로 말하기를 원해서

② 영어와 한국어가 달라서

③ 한국어로 말하면 학생들이 싫어해서

④ 너무 바빠서 한국어를 배울 시간이 없어서

5 찐이 씨가 한글을 배우고 나서 처음으로 할 수 있었던 일은 뭐예요?

6 찐이 씨의 한국 친구가 남편이랑 성이 다른 이유가 무엇인가요?

① 이혼해서

② 결혼을 했지만 남편 성을 따르고 싶지 않아서

③ 한국에서는 결혼을 해도 여자의 성을 바꾸지 않아서

④ 무언가 알지 못하는 이유가 있어서

표현 익히기

오늘도 찐이 씨는 이 트로트 음악에 맞춰 한국 아주머니들과 같이 신나게 라인댄스를 추고 있어요. 찐이 씨 아프리카 머리 터번이 정말 **멋있네요**. 같이 춤을 추는 아주머니들은 엄지척을 **하면서** 찐이 씨에게 "찐 최고!"를 외쳐요. 찐이 씨는 밝게 웃어요. 찐이 씨의 춤추는 모습, 생각만해도 재미있**네요**! 이 아프리카 아가씨가 왜 한국 아주머니들과 친하게 지내**면서** 라인댄스를 추고 있을까요? 저는 찐이 씨의 한국 이야기를 하려고 해요.

01 A/V-네요

It is used to express the speaker's spontaneous reaction such as surprise, admiration, or sympathy to some new information. It is similar to wow, surprise, Oh My! or really in English

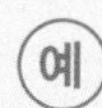

- 에밀리 아빠는 여자 친구가 너무 많**네요**.
- 에밀리가 이젠 한국어도 가르치**네요**.

02 V-(으)면서 while

This expression is used when the actions of the first and second verbs occur simultaneously

- 큰소리로 노래부르**면서** 춤을 췄어요.
- 커피를 마시**면서** 한국어를 공부했어요.

03 A/V-(으)ㄹ까요?

This expression has three meanings:1) shall we...? 2) shall I...? 3) do you think...or I wonder if...

In this context, the meaning is 3). In the case of 3), when the speaker asks for the listener's opinion, this expression can be used. In particular, when the subject (이 아프리카 아가씨) is in the third person singular/plural, this expression is used to seek the listener's opinion.

- 여러분 이렇게 많은 눈이 어떻게 다**를까요**?
- 댈러스 사람이 어떻게 제주도를 **알까요**?

찐이 씨는 한국에서 한국 이름으로 살고 있어요. 이름은 우리 자신을 나타내 주는 아주 중요한 거예요. 사실 '찐'은 댄스 수업 아주머니들이 만들어 준 별명이에요. 찐이 씨는 남아프리카 공화국에서 왔어요. 아주머니들은 찐이 씨의 남아프리카 이름이 너무 어려웠어요. 그래서 찐이 씨를 찐이라고 부르기로 했어요. '찐이야'는 가수 영탁이 부르는 트로트 노래인데 그 노래에서 나오는 말이 '찐'이에요. 한국말로는 '진짜'라는 뜻이에요. 그 가사 부분이 아주 신나고 자꾸 생각이 나요. 가수의 춤도 아주 재미있어요. 그래서 '찐'이라는 말이 한국에서 아주 유행했어요. 댄스 수업에서도 이 노래를 자주 사용했어요. 그래서 아주머니들이 찐이 씨 이름을 '찐' 이라고 지었어요. 아주 재미있죠?

04 V-ㄴ(는) N

는 is a noun modifying form. 나타내주다 modifies 거(noun) and to represent the meaning of the present tense, 는 can be used.

V-ㄴ N: 만들어 주다 modified 별명(noun) and to represent the meaning of the past tense, ㄴ can be used.

- 한국어를 **사랑하는** 마음으로 배워요.
- 미국에서 데리고 **온** 개 타코도 메간 씨 옆에 있었어요.

그런데 찐이 씨는 이 이름을 어떻게 생각**할까요**? 저랑 처음에 온라인에서 만났을 때 찐이 씨는 자신을 '찐' 이라고 소개했어요. 자신을 소개하**면서** 자신의 이름과 노래에 대해서 설명해 줬어요. "처음 들어보는 음악이에요. 자꾸 생각이 나요. 마치 노래를 부르는 가수가 소주에 취한 것 같아요." 웃**으면서** 찐이 씨가 말했어요. 저랑 한국어 자음과 모음을 배우고 자막을 보**면서** 이 노래를 같이 불렀어요. 둘이 정말 신이 나서 큰 소리로 노래 부르면서 춤을 췄어요. 제가 학생들을 가르치**면서** 춤을 춰 보기는 처음이었어요. 물론 찐이 씨 한글 읽기 실력은 아주 훌륭했어요. 하하하 정말 찐이 씨는 찐이라는 이름과 노래를 좋아해요

05 A/V-(으)ㄹ때 when

만나(stem)+았(past tense)+을 때(when)=만났을 때

- 저에게 한국 생활에 대해서 이야기**할 때** 정말 고마워하는 표정이었어요.
- 매튜 씨는 어렸**을 때** 동네에 친한 친구가 있었는데 한국 사람이었어요.

06 V-아/어 주다

When the subject performs an action that assists the object, this expression can be used. In this sentence, 찐이 씨 explains her name and the song related to it for me.

- 메간 씨에게 성산 일출봉, 한라산, 한라봉, 노란 유채꽃 등을 이야기**해 줬어요**.
- 케이티 씨, 한국을 계속 사랑**해 주세요**~

07 A/V-아/어서 because

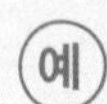

- 특히 겨울에는 새로운 제품이 많이 나**와서** 손님이 많아요.
- 둘 다 한국 문화를 좋아**해서** 금방 친구가 됐어요.

찐이 씨는 한국에서 다른 일도 하**면서** 살고 있어요. 찐이 씨는 한국의 작은 어촌 마을에 **사는** 영어 선생님이에요. 초등학교 학생부터 고등학교 영어 선생님들까지 다양하게 가르쳐요. 한국에 오기 전에 찐이 씨는 남아프리카 공화국에서 회계사였어요. 선생님이 되고 싶었지만 부모님 때문에 회계사가 됐어요. 회계사의 삶도 나쁘진 않지만 새로운 삶에 도전하고 싶었어요. 그래서 한국 영어 선생님으로 **지원해서** 1년 반 전에 한국에 왔어요. 드디어 선생님이 됐어요.

"전 가르치는 것을 좋아해요. 한국이 좋아요."

찐이 씨가 웃**으면서** 말했어요.

03 V-아/어서 (and) then

When the two actions (지원하다, 오다) are sequentially related to each other and the second action cannot occur without the first action, this expression can be used. For example, in this context, without applying to be an English teacher, she couldn't come to Korea.

- "배 고프면 *중국집에 전화**해서** *짜장면을 주문하세요."라고 제가 말했어요.
- 매일 아침 5시에 일어**나서** 일하러 가요.

찐 영어 선생님으로 살아가**는** 찐이 씨는 요즘 열심히 하고 있**는** 일이 있어요. 바로 한국어 배우기예요. 한국을 좋아하**는** 찐이 씨지만 한국어는 쉽지 않은 것 같아요. 학교에서 같이 일하는 선생님들과 학생들은 모두 찐이 씨와 영어로만 말하기를 원해서 한국어를 배울 수가 없었어요. 한국어를 못 **해서** 한국 생활이 너무 불편했어요. 파리 바게뜨에 가**서** 빵을 산 후 영수증을 부탁**할 때**도 손으로 영수증을 그려요. 또한 댄스 교실에서 아주머니들을 만났을 때 한국어를 못 해서 친해지기가 어려웠어요. 찐이 씨의 새로운 삶에 언어는 아주 중요하**네요.** 그래서 저와 온라인 한국어 수업을 시작했어요.

온라인 한국어 수업을 하**면서** 찐이 씨는 많은 것을 알게 됐어요. 한글을 배우고 나서 한국어로 학생들 이름을 읽을 수 있게 됐어요. 배우기 전에는 영어로 학생들의 한국어 이름을 읽었거든요. 친하게 지내**는** 한국 친구가 있었는데 남편이랑 성이 달**라서** 이상하게 생각했지만 물어볼 수가 없었어요. 알고 보니, 한국에서 여자들은 결혼하지만 성을 바꾸지 않네요. 또한 댄스 교실에서 같이 춤을 추**는** 아주머니들을 처음에 아줌마로 불렀어요. 그런데 아주머니들이 아주 싫어했어요. 찐이 씨는 이해할 수가 없었어요. 그런데 제 수업에서 아주머니와 아저씨에 대해서 배우고 보니 이제 아주머니들을 이해할 수 있**네요.** 또한 찐이 씨는 한국 사람들이 언니와 오빠라는 말을 많이 사용**해서** 이상하게 생각했어요. 한국 사람들은 가족이 많다고 생각했어요. 한국어를 배우**면서** 많은 수수께끼들이 풀리고 있어요.

09 V-고 보니(까)

고(after completing an action)+보(보다, try to, experience)+니까 (reasons)

This expression indicates the speaker learned something new or found out something was contrary to what was previously thought after he or she did an action. The meaning is after... I found...

- 먹**고 보니** 이 음식이 맛있네요.
- 선생님이 되**고 보니** 학생들이 귀여워요.

찐이 씨는 한국에서 새로운 삶을 살고 있어요. 새로운 이름과 직업을 가지고 한국사람들이랑 즐겁게 살아요. 찐이 씨는 한국어를 배우**면서** 한국을 많이 이해하게 됐어요. 찐이 씨가 한국어를 잘하게 되면 한국에서의 생활이 더 즐거워지겠죠? 그러면 아프리카 터번을 두르고 트로트 음악에 맞춰서 춤을 추**는** 찐이 씨가 점점 더 한국을 찐하게~~~ 사랑하게 될 거예요.

10 찐하게~ A/V-ㄹ거예요 an expression of probability

찐하게: =진하게, 진하다 means to be thick, to be deep, to be a lot. In order to emphasize 진하게 and match with double consonants (ㅉ) of 찐이 씨, ㅉ is used on purpose. ㄹ 거예요 expresses the speaker's supposition.

- 여러분 앞날에 행운이 있**을 거예요**!!!
- 아마도 리아 씨는 한국어를 지금보다 더 잘해서 더 나은 일을 하려고 **할 거예요**.

핵심 문장 구조

1 둘이 정말 신이나서 큰소리로 노래부르**면서** 춤을 췄어요.

⊙ …아/어서(because) …면서(while) …

둘이 정말 신이나다	**아/어서**	큰 소리로 노래 부르다	**면서**	춤을 추다

SV아/어서 [(S)OV면서 OV]

1) 시간이 없다/밥을 먹다/공부하다
2) 피곤하다/졸다/일하다

2 학교에서 같이 일하**는 선생님들**과 학생들은 모두 찐이 씨와 영어로만 말하기를 원**해서** 한국어를 배울 수가 없었어요.

⊙ …는 S …아/어서(because) …

학교에서 같이 일하는 선생님들과 학생들은 모두 찐이 씨와 영어로만 말하기를 원하다	**아/어서**	한국어를 배울 수가 없었다

[(S)V는] SOV아/어서 (S)OV

The subject of the first sentence is 선생님 and 학생들, and the subject of the second sentence is 찐이 씨. Also, 학교에서 같이 일하다 modifies 선생님 in the first sentence.

1) 미국 오레곤에 살다/에밀리는 K-pop을 좋아하다/한국어를 배우기 시작했다
2) 한국어를 배우다/사라 씨는 음식을 잘하다/여러가지 한국 요리를 할 수 있다

3 댄스 교실에서 아주머니들을 만났을 **때** 한국어를 못 **해서** 친해지기가 어려웠어요.

⊙ **…ㄹ때(when) …아/어서(because) …**

댄스 교실에서 아주머니들을 만났다	**(으)ㄹ 때**	한국어를 못 하다	**아/어서**	친해지기가 어렵다

(S)OVㄹ때 (S)V아/어서 SV

1) 에밀리를 처음 만났다/잘 웃지도 않고 말도 안하다/친해지기가 어려웠다
2) 매튜 씨는 한국에 갔다/영어를 할 수 있다/돈을 벌 수 있었다

4 알고 보니 한국에서 여자들은 결혼하지만 성을 바꾸지 않네요.

⊙ **…고 보니 …지만 …**

알다	**고 보니**	한국에서 여자들은 결혼을 하다	**지만**	성을 바꾸지 않다

(S)V고 보니 [SV but (S)OV]

1) 공부하다/한글은 쉽다/한국어 문법은 어렵다
2) 음식을 만들다/반찬은 많다/국은 없다

핵심 문장 구조 연습

1 …아/어서(because) …면서

날씨가 좋다/강을 보다/산책하다

날씨가 ______________________________.

2 …는 S …아/어서(because) …

회사에 다니다/유진 씨는 야근을 자주하다/너무 피곤하다

회사에 ______________________________.

3 …ㄹ 때(when) …아/어서(because) …

리아 씨가 대학을 졸업했다/마침 대만에서는 고속도로를 만들고 있다/한국의 대기업들이 대만으로 들어오게 됐다

____.

4 …고 보니 …지만 …

한국 라면을 먹다/아주 맵다/맛있네요

한국 라면_______________________________________.

5 여러분, 한국 소주를 먹어 본 적이 있나요? 먹고 난 후에 어땠어요?

____________고 보니 ____________지만 ____________.

토론하기(쓰기)

찐이 씨는 한국에 살면서 잘 알지 못하는 노래에 맞춰서 춤을 추면서 한국 아주머니들이랑 친하게 지냈어요. 여러분은 다른 나라에 살면서(혹은 여행하면서) 그 나라 사람들과 친해지려고 어떤 노력을 해 봤나요?

한국 문화

- **영탁의 찐이야**: 영탁 is a trot singer in South Korea and one of his famous songs is '찐이야'.

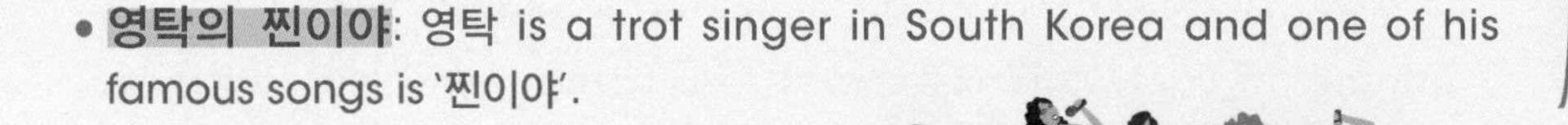

- **트로트**(trot): one of the Korean popular music genres

- **라인댄스**(line dance): It stems from American line dance, but nowadays Koreans like to line dance to popular Korean songs like trot songs. Many dance classes provide line dance classes and many Korean women spend their free time learning line dances as a hobby.

- **엄지척** (thumbs up) & **찐 최고** (the best)!: When something or someone is the best, Koreans like to say, "최고" (the best) by extending their thumbs upward.

- **소주**: a distilled alcoholic beverage made in South Korea
As you probably have noticed, Korean people drink 소주 in many K-dramas. 소주 is more than just an alcoholic beverage, and it has a significant cultural meaning in Korean society as a symbol of solidarity. When drinking, people are a part of that group sharing and strengthening their sense of collective harmony. That's why we can see office workers or a group of people getting together to eat and drink after working in K-dramas.

- 파리 바게뜨(Paris Baguette): a Korean bakery franchise

- 아줌마: (=아주머니) When Koreans call strangers, they say "아줌마" (in the case of women) or "아저씨"(in the case of men). 아줌마 originally referred to a middle-aged married woman and has a neutral meaning. However, nowadays, it carries the negative connotation of a middle-aged woman who is old and is sometimes used to refer to a woman who is relentlessly devoted to her children in a negative way. If you call a single young woman 아줌마, it would be offensive and rude. Therefore, be careful who you call an아줌마 in South Korea.

- 언니/오빠: These are family terms. When you are a girl, you should call your older sisters 언니 and older brothers 오빠. However, Koreans also use these terms for others to represent closeness.

댈러스(Dallas)에서 제주도까지

생각해 보기

여러분은 인생에서 **용기 있는 결정**을 해본 적이 있어요? 그 용기 있는 결정에 대해서 이야기해 보세요.

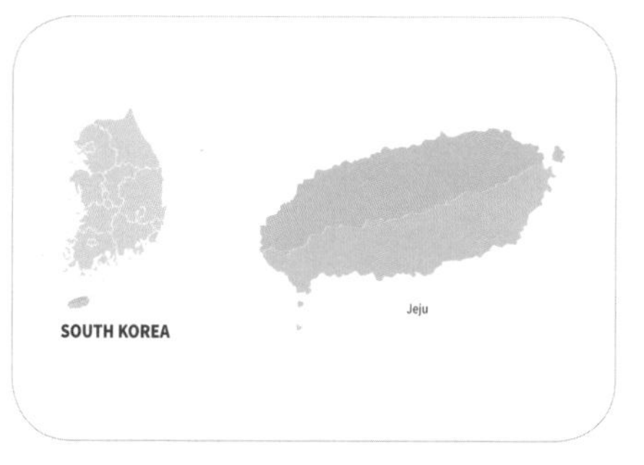

- 에 대해서, (기)전에/ 후에, (기)때문에, 는데, 면
- Jeju island

읽기

여러분은 제주도에 대해서 잘 아시나요? 요즘 한국 드라마나 *예능을 보면 제주도가 많이 나와요. 정말 아름답고 *보물 같은 곳이에요. 저는 지난봄에 댈러스(Dallas)에 사는 미국인 메간 씨를 온라인으로 처음 만났어요. "이번 여름에 제주도에 살러 가요." 메간 씨가 말했어요. 댈러스 사람이 어떻게 제주도를 알까요? **더구나** 코비드(COVID-19) 때문에 **외국**에 가는 것이 쉽지 않을 때였어요. 사실 외국으로 살러 가는 건 쉬운 일이 아니에요. 인생이 바뀔 수도 있잖아요. 점점 **궁금해지기** 시작했어요. 이 용감한 메간 씨가 어떻게 **준비해서** 제주도까지 가는지 우리 한 번 이야기를 들어 봐요.

메간 씨는 댈러스 초등학교 선생님이에요. 제주도에 *국제학교가 많은데 거기 선생님으로 가요. 제주도에 가기 위해서 메간 씨는 한국어를 제일 먼저 준비했어요. 사실 국제학교 선생님은 영어로 수업을 해서 한국어가 꼭 *필요한 건 아니에요. 하지만 메간 씨는 댈러스에서 시간이 있으면 카페에서 커피를 마시면서 한국어 공부를 했어요. 주말에도 일찍 일어나서 카페에 갔어요. 주말 아침에 일찍 일어나고 싶어하는 사람은 없겠지만 메간 씨는 좀 달랐어요. 아침 일찍 **배낭**에 한국어책을 넣고 공부하러 카페에 가곤 했어요.

혼자 열심히 한국어 공부를 한 메간 씨는 저랑 온라인 수업도 했어요. 우리는 수업 시간에 한국어를 공부하면서 제주도에 대해서 이야기를 많이 했어요. 그래서 메간 씨는 제주도에 대해서 **자연스럽게** 공부하게 됐어요. **계절**과 **날씨**에 대한 수업이었는데 저는 제주도에 대해서 이야기하고 메간 씨는 알래

용기 있는 courageous **용기(n.)** courage **결정** decision **더구나** moreover **외국** foreign country **궁금하다** to wonder **준비하다** to prepare **배낭** backpack **혼자** alone **자연스럽다** to be natural, **자연스럽게(adv.)** **계절** season **날씨** weather

스카(Alaska)에 대해서 이야기했어요. 메간 씨는 알래스카에서 **태어났어요**. 그래서 눈에 대해서 이야기했을 때 "알래스카에는 *50종류 이상의 눈이 있고 **여러가지** *썰매가 있어요."라고 메간 씨가 말했어요. 여러분, 이렇게 많은 눈이 어떻게 다를까요?

반면에 저는 화산섬, 푸른 바다, 바다가 보이는 카페, 해녀, 돌하르방, 성산 일출봉, 한라산, 한라봉, 노란 유채꽃 등을 이야기해 줬어요. 특히 제주도에 유채꽃과 올레길이 있는데 이걸 보면 제주도를 **잊어버릴** 수 없을 거예요. 바람이 많이 부는 제주도 날씨 이야기도 했어요. 메간 씨는 "알래스카에서도 살았기 때문에 그 정도의 날씨는 괜찮아요."라고 **자신 있게** 말했어요. 하하하 용감한 메간 씨네요! 우리는 이렇게 알래스카와 제주도에 관해서 재미있게 이야기하면서 날씨에 대한 **표현**을 배웠어요. 정말 **멋진** 수업이죠?

한국어와 제주도에 대해서 공부한 후 메간 씨는 **마지막으로** 여행을 했어요. 메간 씨가 오래전부터 **계획한** 것이에요. 메간 씨는 미국을 **떠나기** 전에 미시간(Michigan)에 있는 부모님 집에 **들렀어요**. 어머니와 차를 운전해서 시애틀(Seattle)까지 갔어요. 시애틀에 **도착한** 후 메간 씨는 비행기를 타고 한국으로 갔는데 메간 씨 어머니는 미시간으로 **돌아갔어요**. 와, 미시간에서 시애틀까지 정말 먼데 어머니와 딸이 **대단하네요**. 메간 씨가 어머니를 **닮았나 봐요**. 하하하. 이렇게 메간 씨는 한국으로 가기 전에 계획한 일을 하나씩 하나씩 하고 비행기로 *태평양을 **건넜어요**. 메간 씨가 한국을 가는데 이상하게 걱정이 되고 잘 도착했는지 궁금했어요. 코비드 **기간**이라 해외 여행하기가 쉽지 않은데 잘 도착했겠죠?

태어나다 to be born **여러가지** various kinds **반면에** on the other hand **잊다** to forget **자신 있다** to be confident, **자신 있게(adv.)** confidently, **자신감(n.)** confidence **표현** expression **멋지다** to be awesome **마지막으로** finally, lastly **계획하다** to plan **떠나다** to leave **들르다** to stop by **도착하다** to arrive **돌아가다** to go back **대단하다** to be great **닮다** to resemble, to look alike, to take after **건너다** to cross **기간** a period (of time)

사실 미국에서 제주도까지 가는 것은 쉽지 않지만 제주도에 도착해서 지내는 것도 쉬운 일은 아니였어요. 코비드 기간이었거든요. 메간 씨는 시애틀에서 비행기를 타고 인천 국제공항에 도착한 후 *코비드 검사를 하고 제주도로 갔어요. 외국에서 한국으로 들어오는 사람들은 코비드 때문에 2주 동안 *격리해야 했어요. 그래서 제주도 아파트에서 나가지도 못하고 집안에만 있어야 했어요. *다행히 메간 씨가 줌(zoom)으로 보여준 아파트는 깨끗하고 좋아 보였어요. 미국에서 **데리고 온** 개 타코도 메간 씨 옆에 있었어요. 타코가 유일한 친구네요.

저는 메간 씨가 격리 기간 동안에 밖에 못 나가기 때문에 배가 고플까 봐 걱정이 됐어요. 아는 사람도 없고 새로운 곳이잖아요. 그래서 "배 고프면 중국집에 전화해서 짜장면을 **주문하세요**."라고 제가 말했어요. "한국 사람들은 짜장면, 짬뽕, 탕수육을 아주 좋아해요. 저는 이 음식이 한국사람의 소울푸드(soul food)라고 **생각해요**." 제 말을 듣고 메간 씨는 "와, 먹어 보고 싶어요. 그런데 제가 사는 **동네**는 외국 사람을 위한 곳이라 중국집이 없어요. 그래서 먹고 싶으면 차를 타고 나가야 해요."라고 말했어요. 하하하 그냥 동네에 있는 피자집에서 피자를 주문하는 것이 좋겠어요.

드디어 메간 씨는 며칠 후면 멋있는 제주도를 **구경할** 수 있어서 *기분이 들떠 있어요. 댈러스 → 미시간 → 시애틀 → 인천 공항 → 제주도 공항 → 제주도 아파트 → 아파트 격리 2주. 한국어와 제주도에 대해서 열심히 공부하고 가족과 좋은 시간도 보낸 후 비행기 타고 서울에 왔다가 다시 제주도로 가서 제주도 아파트에서 지낸 긴 *여정이었네요! 메간 씨가 제주도에서 좋은 친

데리고 오다 to bring 주문하다 to order 생각하다 to think 동네 neighborhood 구경하다 to sightsee, to look around with interest

구들을 많이 **사귀고** 제주도를 사랑했으면 좋겠어요. 알래스카와 함께 좋은 *추억이 됐으면 좋겠네요. 오늘도 메간 씨가 제주도 어디를 **돌아다니고** 있는지 궁금하네요. 여러분도 *혹시 다른 나라에 가고 싶은데 용기가 없어서 결정을 못하고 있나요? 그러면 메간 씨처럼 용기 있게 앞만 보고 가세요. 여러분 앞날에 *행운이 있을 거예요!!!

사귀다 to make friends with someone, to date someone 돌아다니다 to get around

1 메간 씨는 왜 한국에 가요?

① 교환 학생으로 공부하러 가요.

② 한국어 공부하러 가요.

③ 국제학교 선생님으로 가요.

④ 제주도를 구경하러 가요.

2 메간 씨는 한국어를 어떻게 공부했나요?

3 메간 씨는 바람이 많이 부는 제주도 날씨를 왜 무서워하지 않나요?

4 메간 씨는 미국을 떠나기 전에 마지막으로 무엇을 했나요?

① 댈러스에서 미시간으로 이사

② 미시간에서 시애틀까지 어머니와 차 운전

③ 가족과 파티

④ 친구들과 작별인사

5 메간 씨가 한국에 도착하자마자 무엇을 해야 했어요?

6 한국어 선생님이 격리기간 동안 추천해 준 음식은 무엇인가요?

① 피자 ② 갈비 ③ 비빔밥 ④ 짜장면

표현 익히기

여러분은 **제주도에 대해서** 잘 아시나요? 요즘 한국 드라마나 예능을 보면 제주도가 많이 나와요. 정말 아름답고 보물같은 곳이에요. 저는 지난봄에 댈러스(Dallas)에 사는 미국인 메간 씨를 온라인으로 처음 만났어요. "이번 여름에 제주도에 살러 가요." 메간 씨가 말했어요. 댈러스 사람이 어떻게 제주도를 알까요? 더구나 **코비드(COVID-19) 때문에** 외국에 가는 것이 쉽지 않을 때였어요. 사실 외국으로 살러 가는 건 쉬운 일이 아니에요. 인생이 **바뀔 수도** 있잖아요. 점점 궁금해지기 시작했어요. 이 용감한 메간 씨가 어떻게 준비해서 제주도까지 가는지 우리 한 번 이야기를 들어 봐요.

01 N-에 대해(서) (=에 관해서) about, in regard to

When 'about' modifies a verb(배우다), -에 대해서 can be used.
N에 대한 N: When 'about' modifies a noun, 에 대한 can be used.

- 찐이 씨는 자신을 소개하면서 자신의 이름과 노래**에 대해서** 설명해 줬어요.
- 케이티 씨는 메리 씨한테서 한국 음식과 덴버에 있는 한국 음식점**에 대한** 정보를 많이 얻었어요.

02 N-때문에 A/V-기 때문에 because of

- 케이팝 **때문에** 에밀리는 올리비아와 아주 친해졌어요.
- 케이티 씨는 한국 드라마에서 막걸리와 소주를 많이 봤**기 때문에** 저에게 막걸리와 소주에 대해서 물어봤어요.

03 바뀌다 the passive form of 바꾸다(to change)

(외국으로 살러 가는 것은) 인생을 바꿀 수도 있어요(active form). → 인생이 바뀔 수도 있어요(passive form)

- 제 학생 중에 리아라는 대만 학생이 있는데 대학교 때 한국어를 선택해서 인생이 **바뀐** 사람이에요.
- 요즘 에밀리와 에밀리 가족은 조금씩 **바뀌**고 있어요.

메간 씨는 댈러스 초등학교 선생님이에요. 제주도에 국제학교가 **많은데** 거기 선생님으로 가요. 제주도에 가기 위해서 메간 씨는 한국어를 제일 먼저 준비했어요. 사실 국제학교 선생님은 영어로 수업을 해서 한국어가 꼭 필요한 건 아니예요. 하지만 메간 씨는 댈러스에서 시간이 있으면 카페에서 커피를 마시면서 한국어 공부를 했어요. 주말에도 일찍 일어나서 카페에 갔어요. 주말 아침에 일찍 일어나고 싶어하는 사람은 **없겠지만** 메간 씨는 좀 달랐어요. 아침 일찍 배낭에 한국어책을 넣고 공부하러 카페에 가곤 했어요

04 A/V-(으)ㄴ는데

This expression provides background information.
In this context, it explains the situation before the subsequent information.

- 제 학생 중에 메리라는 학생이 있**는데** 덴버에 살아요.
- 매튜 씨는 어렸을 때 동네에 친한 친구가 있었**는데** 한국사람이었어요.

05 A/V-겠(supposition)

겠 has the meaning of supposition in this context.

- 내일은 비가 오**겠**어요
- 와, 맛있**겠**네요.

혼자 열심히 한국어 공부를 한 메간 씨는 저랑 온라인 수업도 했어요. 우리는 수업 시간에 한국어를 공부하면서 제주도**에 대해서** 이야기를 많이 했어요. 그래서 메간 씨는 제주도**에 대해서** 자연스럽게 공부하게 됐어요. 계절과 날씨**에 대한** 수업이었**는데** 저는 제주도**에 대해서** 이야기하고 메간 씨는 알래스카(Alaska)**에 대해서** 이야기했어요. 메간 씨는 알래스카에서 태어났어요. 그래서 눈**에 대해서** 이야기했을 때 "알래스카에는 50 종류 이상의 눈이 있고 여러가지 썰매가 있어요."**라고** 메간 씨가 말했어요. 여러분, 이렇게 많은 눈이 어떻게 다를까요?

06 "Sentence" 라고 direct quotation

When you convey what someone said or wrote, using quotation marks, 라고 can be used to quote what that person said.

- 에밀리는 "지금은 아빠가 여러 여자 친구랑 데이트해요. 저는 그 중에서 세 번째 여자가 마음에 들어요."**라고** 말했어요.
- 리아 씨는 "그냥 한국어를 하고 싶었어요."**라고** 말했어요.

반면에 저는 화산섬, 푸른 바다, 바다가 보이는 카페, 해녀, 돌하르방, 성산 일출봉, 한라산, 한라봉, 노란 유채꽃 등을 이야기해 줬어요. 특히 제주도에 유채꽃과 올레길이 있는데 이걸 **보면** 제주도를 잊어버릴 수 없을 거예요. 바람이 많이 부는 제주도 날씨 이야기도 했어요. 메간 씨는 "알래스카에서도 살았**기 때문에** 그 정도의 날씨는 괜찮아요."라고 자신있게 말했어요. 하하하 용감한 메간 씨네요! 우리는 이렇게 알래스카와 제주도**에 관해서** 재미있게 이야기하면서 날씨에 대한 표현을 배웠어요. 정말 멋진 수업이죠?

07 A/V-(으)면 if

예

- 저와 공부하면서 마음에 드는 소리가 있**으면** "I like it."라고 여러 번 말해요.
- 찐이 씨가 한국어를 잘하게 되**면** 한국에서의 생활이 더 즐거워지겠죠?

한국어와 제주도에 대해서 **공부한 후** 메간 씨는 마지막으로 여행을 했어요. 메간 씨가 오래**전**부터 계획한 것이에요. 메간 씨는 미국을 **떠나기 전에** 미시간(Michigan)에 있는 부모님 집에 들렀어요. 어머니와 차를 운전해서 시애틀(Seattle)까지 갔어요. 시애틀에 도착**한 후** 메간 씨는 비행기를 타고 한국으로 갔는데 메간 씨 어머니는 미시간으로 돌아갔어요. 와, 미시간에서 시애틀까지 정말 **먼데** 어머니와 딸이 대단하네요. 메간 씨가 어머니를 닮았나봐요. 하하하. 이렇게 메간 씨는 한국으로 가기 전에 계획한 일을 하나씩 하나씩 하고 비행기로 태평양을 건넜어요. 메간 씨가 한국을 가**는데** 이상하게 걱정이 되고 잘 도착했는지 궁금했어요. 코비드 기간이라 해외 여행하기가 쉽지 않은데 잘 도착했겠죠?

08 V-(으)ㄴ 후(에) N-후에 after

예
- 파리 바게뜨에 가서 빵을 **산 후** 영수증을 부탁할 때도 손으로 영수증을 그려요.
- 이 드라마 **후에** 음식을 아주 잘하는 사람을 대장금이라고 부르기도 해요.

09 V-기 전에 N-전에 before

예
- 한국어를 배우**기 전에** 영어로 학생들 이름을 읽었어요.
- 한국에 **오기 전에** 찐이 씨는 남아프리카 공화국에서 회계사였어요.

사실 미국에서 제주도까지 가는 것은 쉽지 않지만 제주도에 도착해서 지내는 것도 쉬운 일은 아니였어요. 코비드 기간이었거든요. 메간 씨는 시애틀에서 비행기를 타고 인천국제공항에 도착**한 후** 코비드 검사를 하고 제주도로 갔어요. 외국에서 한국으로 들어오는 사람들은 코비드 **때문에** 2주 동안 격리해야 했어요. 그래서 제주도 아파트에서 나가지도 못하고 집안에만 있어야 했어요. 다행히 메간 씨가 줌(zoom)으로 보여준 아파트는 깨끗하고 좋아 보였어요. 미국에서 데리고 온 개 타코도 메간 씨 옆에 있었어요. 타코가 유일한 친구네요.

저는 메간 씨가 격리 기간 동안에 밖에 못 나가**기 때문에** 배가 고플까 봐 걱정이 됐어요. 아는 사람도 없고 새로운 곳이잖아요. 그래서 "배 고프**면** 중국집에 전화해서 짜장면을 주문하세요."라고 제가 말했어요. "한국 사람들은 짜장면, 짬뽕, 탕수육을 아주 좋아해요. 저는 이 음식이 한국사람의 소울푸드(soul food)라고 생각해요." 제 말을 듣고 메간 씨는 "와, 먹어 보고 싶어요. 그런데 제가 사는 동네는 외국 사람을 위한 곳이라 중국집이 없어요. 그래서 먹고 싶**으면** 차를 타고 나가야 해요."라고 말했어요. 하하하 그냥 동네에 있는 피자집에서 피자를 주문하는 것이 좋겠어요.

드디어 메간 씨는 며칠 후면 멋있는 제주도를 구경할 수 있어서 기분이 들떠 있어요. 댈러스 → 미시간 → 시애틀 → 인천 공항 → 제주도 공항 → 제주도 아파트 → 아파트 격리 2주. 한국어와 제주도**에 대해서** 열심히 공부하고 가족과 좋은 시간도 보**낸 후** 비행기 타고 서울에 왔다가 다시 제주도로 가서 제주도 아파트에서 지낸 긴 여정이었네요! 메간 씨가 제주도에서 좋은 친구들을 많이 사귀고 제주도를 사랑**했으면 좋겠어요**. 알래스카와 함께 좋은 추억이 됐으**면** 좋겠네요. 오늘도 메간 씨가 제주도 어디를 돌아다니고 있는지 궁금하네요. 여러분도 혹시 다른 나라에 가고 싶**은데** 용기가 없어서 결정을 못하고 있나요? 그러면 메간 씨처럼 용기 있게 앞만 보고 가세요. 여러분 앞날에 행운이 있을 거예요!!!

 A/V-았/었으면 좋겠다

It would be better if...This expression has two meanings: 1) a person's wish or hope that has yet to be realized 2) expressing a desire for the opposite situation. In this context, the meaning is 1).

예
- 저는 에밀리가 한국문화에 대해서 관심을 가지고 한국어를 계속 **배웠으면 좋겠어요.**
- 키가 **컸으면 좋겠어요.**

핵심 문장 구조

1 메간 씨는 댈러스에서 시간이 있**으면** 카페에서 커피를 마시**면서** 한국어 공부를 했어요.

⊙ **…(으)면 …면서 …**

메간 씨는 댈러스에서 시간이 있다	**으면**	카페에서 커피를 마시다	**면서**	한국어 공부를 했다

SV면(if) [(S)OV면서(while) V]

When you use 면서, the subjects of the two sentences should be the same. In this context, the subject of 마시다 and 공부하다 is 메간 씨.

1) 저는 한국에 가다/인사동을 거닐다/구경할 거예요
2) 가을이다/등산하다/단풍을 보고 싶어요

2 특히 제주도에 유채꽃과 올레길이 있는데 이걸 보면 제주도를 잊어버릴 수 없을 거예요.

⊙ **…는데 …면 …ㄹ 거예요**

제주도에 유채꽃과 올레길이 있다	**는데**	이걸 보다	**면**	제주도를 잊어버릴 수 없을 것이다

SV는데 (S)OV if(면) (S)OV

1) 요즘 한국 음식이 유행이다/한국 음식을 한 번 먹어 보다/잊어버릴 수 없다
2) 봄에는 꽃이 많이 피다/벚꽃을 보다/한국을 좋아하게 되다

3 메간 씨는 한국으로 가**기 전에** 계획한 일을 하나씩 하나씩 하**고** 비행기로 태평양을 건넜어요.

⊙ **…기 전에 …고 …**

메간 씨는 한국으로 가다	**기 전에**	하나씩 하나씩 계획한 일을 하다	**고**	비행기로 태평양을 건넜다

SV기 전에(before) (S)OV고(and) (S)OV

1) 메간 씨는 시험을 보다/기본 개념을 이해하다/문제를 풀었다
2) 매튜 씨는 한국에 가다/학교를 찾아보다/등록을 했다

4 드디어 며칠 후**면** 메간 씨는 멋있는 제주도를 구경할 수 있**어서** 기분이 들떠 있어요.

⊙ **…면 …아/어서(because) …**

드디어 며칠 후	**면**	메간 씨는 멋있는 제주도를 구경할 수 있다	**아/어서**	기분이 들떠 있다

N면(if) SOV아/어서(because) SV

1) 일주일 후/편히 쉴 수 있다/좋다
2) 놀러가다/스트레스가 풀리다/행복하다

핵심 문장 구조 연습

1 …(으)면 …면서 …

주말에 시간이 있다/집에서 쉬다/책을 읽다

주말에 ______________________________.

2 는데 …면 …ㄹ 거예요

지난 번 라스베가스에서 BTS콘서트가 열렸다/콘서트을 봤다/BTS를 좋아하게 되다

지난 번 ______________________________.

3 …기 전에 …고 …

매튜 씨는 여행가다/정보를 찾다/비행기표를 샀다

매튜 씨는 ______________________________.

4 …면 …아/어서(because) …

일주일 후/여름 방학을 하다/너무 좋다

일주일 ______________________________.

5 여러분은 자기 전에 무엇을 하세요?

자기 전에 ______________ 고 ______________.

토론하기(쓰기)

메간 씨는 제주도에 가기로 한 후 몇 가지 용기 있는 행동을 했어요. 인생에서 중요한 결정을 하고 난 후 용기가 필요할 때가 있어요. 여러분은 이럴 때 어떻게 했나요?

한국 문화

- **제주도(Jeju Island)**: 제주도 is an island off the southern coast of South Korea. It is a volcanic island that formed over two million years ago from an underwater volcano. It is known for its beautiful beaches, volcanic craters, 한라산(Halla Mountain), 해녀(female divers), 한라봉 (Hallabong, Jeju orange), 유채꽃(rapeseed flowers), 돌하르방(a large rock statue), and 성산 일출봉(Sungsan Sunrise Park). 제주도 is a popular, tropical vacation destination for Koreans as well as foreigners with a different look for each season. You can also see locales from Jeju on many Korean dramas and variety shows.

- **국제학교**: The Korean government launched a global education project in Jeju island and established several international schools for the global hub of education in Northeast Asia.

- **제주 올레길(Olle Trail)**: 올레길 is a series of walking trails with 26 routes and stretching 425km around the island's coast. The trails pass through various landscapes along the way, including small villages, beaches, farms, and forests. Each route offers a unique opportunity to experience the beautiful nature of Jeju and the island's culture.

- 인천 국제 공항: the name of the international airport in South Korea serving the Seoul area

- 중국집: Korean-style Chinese food restaurant
Korean-style Chinese food is delicious and easily accessible because 중국집 provides a fast delivery service. Some of the most popular 중국집 dishes are as follows:

- 짜장면: A Korean noodle dish served with black bean sauce

- 짬뽕: A spicy Korean noodle soup dish served with seafood, pork-broth and vegetable

- 탕수육: deep-fried beef or pork with sweet and sour sauce
A few decades ago in Korea's harsh economic situation, these dishes were a special treat for birthdays, festivities, and weddings. However, now it is standard delivery food because of its convenience and easy access. You can also see Koreans eating these dishes in many Korean dramas and variety shows.

블랙핑크, 에밀리

생각해 보기

여러분은 K-pop을 좋아해요? K-pop은 여러분에게 어떤 **영향을 미쳤나요**? 다음 문장으로 **시작해** 보세요.

K-pop 때문에 ______________________________

- 나요, 아/어 지다, 것 같다, 아/어 보다, 죠?
- K-pop

읽기

에밀리는 **꿈**이 있어요. SM이나 YG같은 엔터테인먼트 회사의 *오디션(audition)을 보고 **가수**가 되는 거예요. 에밀리는 가장 친한 친구 올리비아와 함께 이 회사에 들어가고 싶어해요. 에밀리는 **어느 날** 가족들이랑 **음식점**에 갔는데 케이팝(K-POP) 가수들이 노래하고 춤추는 비디오를 보고 케이팝에 *빠져들었어요. 제일 좋아하는 가수는 블랙핑크(BLACKPINK)예요. 블랙핑크처럼 되는 게 꿈이에요. 하하하 여러분도 **어렸을** 때 이런 꿈이 있었나요? 그런데 에밀리는 **꿈을 이루기** 위해서 열심히 노력하고 있어요. 저는 이 *꼬마 아가씨와 케이팝에 대해서 이야기하려고 해요. **마음**에 **슬픔**이 있던 에밀리는 케이팝을 알고나서부터 조금씩 바뀌고 있거든요.

에밀리는 미국 오리건에 사는 초등학교 5학년 학생이에요. 에밀리는 어머니가 한국인이고 아버지가 미국인이에요. 아버지를 많이 닮아서 미국 사람처럼 보여요. 저를 만나기 전에 에밀리가 할 수 있는 **유일한** 한국말은 “안녕”이었어요. 이렇게 한국어에 대해서 전혀 **관심이 없던** 미국인 에밀리가 SM이나 YG에 들어가기 위해서 한국어를 배우기 시작했어요. 에밀리를 처음 만났을 때 잘 웃지 않고 말도 안 하고 얼굴도 좀 **어두웠어요**. 그렇지만 제가 “왜 한국어를 배우나요?”라고 물어봤을 때 갑자기 눈을 크게 *뜨면서 **흥분된** 목소리로 블랙핑크에 대해서 이야기했어요. 저는 이런 에밀리와 어떻게 **효과적으로** 한국어 수업을 할지 많이 생각했어요.

그런데 시간이 지나면서 우리는 조금씩 친해졌어요. 우선 한글부터 가르

영향을 미치다 to influence **시작하다** to begin **꿈** dream **가수** singer **어느 날** one day **음식점** restaurant **어리다** to be young, **어린이** child **(꿈을) 이루다** to achieve **마음** heart **슬픔** sadness, **슬프다(adj.)** to be sad **유일하다** to be the only **관심이 없다/관심을 가지다** not to be interested in/to have an interest in **어둡다** to be dark **흥분되다** to be excited **효과적이다** to be effective, **효과적으로** in an effective way

치면서 간단한 인사말을 가르쳤어요. 에밀리는 한글을 아주 빨리 배우고 *발음도 **정확하게** 할 수 있었어요. 수업이 끝나고 혼자서 공부를 많이 한 것 같았어요. 제가 가르친 아이 중에서 가장 빨리 한글을 배웠어요. 지금은 한국어를 배운 지 얼마 안 됐지만, 한국 식당에 가서 한국말로 음식을 주문할 수 있어요. 아주 **똑똑하죠**? 요즘은 오빠한테 한국어 인사를 가르치는데 "오빠는 한국말을 이상하게 발음해요."라고 말했어요. 에밀리가 이젠 한국어도 가르치네요.

또한 처음에 에밀리는 한국 문화에 대해서도 거의 몰랐어요. 예를 들자면 한국 사람이 입는 한복을 *기모노로 잘못 알고 있었어요. 유일하게 먹어 본 한국 음식은 김치찌개였어요. 한국 식당에서 먹어 본 적이 있는데 에밀리가 가장 좋아하는 한국 음식이에요. 사실 에밀리는 엄마가 한국인인데 2년 전에 *병으로 **돌아가셨어요**. **보통** 엄마가 한국 사람이면 아이들은 한국 문화를 조금이라도 알지만 에밀리는 아니에요. 엄마가 집에서 한국말을 사용하지 않고 한국 음식도 **거의** 하지 않은 것 같아요.

하지만 요즘 에밀리와 에밀리 가족은 조금씩 바뀌고 있어요. **가끔** 불고기와 김치를 사러 H마트에 가요. 또 **매년** 엄마가 돌아가신 날에는 엄마 *유골을 *뿌린 **바다**에 가서 엄마를 생각해요. 그런데 **올해**는 돌아오는 길에 한국 식당에 들러서 한국 음식을 먹고 집으로 돌아왔어요. 저는 에밀리 엄마 이야기를 듣고 슬펐어요. 에밀리가 슬퍼할까 봐 걱정도 됐어요. 그런데 이 이야기를 하고 나서 에밀리는 "지금은 아빠가 여러 여자 친구랑 데이트해요. 저는 그 **중에서** 세 번째 여자가 **마음에 들어요**."라고 말했어요. 우리는 큰 소리로 웃었

정확하다 to be accurate, **정확하게**(adv.) accurately **똑똑하다** to be smart **돌아가시다** an honorific form of **죽다**(to die) **보통** usually **거의** rarely **가끔** once in a while, occasionally, sometimes **매년** every year **바다** sea **올해** this year **중에서** among, between **마음에 들다** to be in one's like(=to like)

어요. 하하하. 에밀리 아빠는 여자 친구가 너무 많네요! 에밀리는 엄마 **잃은** 슬픔을 *극복하고 있는 것 같아요. 물론 케이팝 덕분이겠죠?

케이팝 때문에 에밀리는 올리비아와 아주 친해졌어요. 올리비아는 부모님이 **대만** 사람인데 케이팝을 너무 좋아해요. 한국어도 에밀리보다 먼저 공부했어요. 온라인으로 한국어를 배워 보고 에밀리에게 **추천해** 줬어요. 지금은 케이팝 때문에 가장 친한 친구가 됐어요. 둘이서 같이 SM이나 YG에 들어갈 거예요. 그래서 시간이 있을 때 친구 올리비아와 같이 춤 연습도 하고 케이팝 노래도 해요. 여러 유튜브 사이트를 찾아서 한국어를 같이 배우기도 하고 한국어 *단어장을 만들어서 공부하기도 해요. 요즘에는 트와이스(TWICE) 노래를 같이 듣고 있어요. 에밀리에게는 케이팝을 좋아하는 친구 올리비아가 큰 **힘**이 되는 것 같아요.

케이팝은 참 대단한 것 같아요. 어린이부터 **어른**까지 모두 이 음악을 좋아해요. 한국에 대해서 거의 모르던 에밀리까지도 한국어와 한국 문화를 배우려고 해요. 자신의 *뿌리에 대해서 관심을 가지기 시작한 거죠. 에밀리는 친한 친구도 사귀고 마음의 슬픔도 조금씩 없어지고 있어요. 가족도 바뀌기 시작했어요. 케이팝 때문이에요. 저는 에밀리가 한국문화에 대해서 관심을 가지고 한국어를 **계속** 배웠으면 좋겠어요. **나중에** 에밀리가 정말 유명한 케이팝 가수가 되면 어떻게 하죠? 미리 사인이라도 **받아** 놓는 것이 좋겠어요. 하하하.

잃다 to lose **대만** Taiwan **추천하다** to recommend **힘** power, strength, force, energy **어른** adult, one's elders **계속** continuously **나중에** later **받다** to receive

1 에밀리의 꿈은 무엇인가요?

2 한국어 선생님이 에밀리를 처음 만났을 때 어떤 아이였나요?

① 예절이 없는 아이
② 말이 많은 아이
③ 표정이 어두운 아이
④ 잘 웃는 아이

3 한국어 선생님은 에밀리의 슬픔이 점점 없어지고 있는 것처럼 느꼈어요. 왜 그렇게 느꼈나요?

① 한국어를 배우는 것을 좋아해서
② 수업 시간에 말을 많이 해서
③ 아빠 여자 친구 이야기를 웃으면서 해서
④ 가족하고 H마트에 가서 한국 음식을 사서

4 에밀리가 한국어를 배우면서 어떻게 바뀌었나요?

5 에밀리가 먹어 본 유일한 한국 음식은 뭐예요?

① 김치찌개 ② 불고기 ③ 비빔밥 ④ 갈비

6 에밀리는 올리비아하고 어떻게 해서 가장 친한 친구가 됐나요?

표현 익히기

에밀리는 꿈이 있어요. SM이나 YG 같은 엔터테인먼트 회사의 오디션(audition)을 보고 가수가 되는 거예요. 에밀리는 가장 친한 친구 올리비아와 함께 이 회사에 들어가고 싶어해요. 에밀리는 어느 날 가족들이랑 음식점에 갔는데 케이팝(K-POP) 가수들이 노래하고 춤추는 비디오를 보고 케이팝에 빠져들었어요. 제일 좋아하는 가수는 블랙핑크(BLACKPINK)예요. 블랙핑크처럼 되는 게 꿈이에요. 하하하 여러분도 어렸을 때 이런 꿈이 있었**나요**? 그런데 에밀리는 꿈을 이루기 위해서 열심히 노력하고 있어요. 저는 이 꼬마 아가씨와 케이팝에 대해서 이야기하려고 해요. 마음에 슬픔이 있던 에밀리는 케이팝을 알고나서부터 조금씩 바뀌고 있거든요.

01 V-나요? A(으)ㄴ가요? N-(이)ㄴ가요?

When you ask a question gently or cautiously, this expression can be used. The meaning is the same as 있었어요? (a question form of the present tense) in this context.

- 여러분은 제주도에 대해서 잘 아시**나요**?
- 어떤 나라의 문화를 이해하는 방법에는 무엇이 있**나요**?

02 V-(으)려고 하다 to intend to

- 저는 찐이 씨의 한국 이야기를 하**려고 해요**.
- 아마도 리아 씨는 결혼보다 한국어를 더 잘해서 더 나은 일을 하**려고 할** 거예요.

에밀리는 미국 오리건에 사는 초등학교 5학년 학생이에요. 에밀리는 어머니가 한국인이고 아버지가 미국인이에요. 아버지를 많이 닮아서 미국 사람처럼 보여요. 저를 만나기 전에 에밀리가 할 수 있는 유일한 한국말은 "안녕"이었어요. 이렇게 한국어에 대해서 전혀 관심이 없던 미국인 에밀리가 SM이나 YG에 들어가기 위해서 한국어를 배우기 시작했어요. 에밀리를 처음 만났을 때 잘 웃지 않고 말도 안 하고 얼굴도 좀 어두웠어요. 그렇지만 제가 "왜 한국어를 배우나요?"라고 물어봤을 때 갑자기 눈을 크게 뜨면서 흥분된 목소리로 블랙핑크에 대해서 이야기했어요. 저는 이런 에밀리와 어떻게 효과적으로 한국어 수업을 **할지** 많이 생각했어요.

03 A/V-(으)ㄹ지

This expression marks as an indirect question with future tense.
6-9
어떻게 효과적으로 한국어 수업을 해요? (direct question)+ㄹ지(future tense)+생각했어요.

예
- 이렇게 비가 많이 오는데 집에 어떻게 **갈지** 걱정이네요.
- 결혼한 지 얼마 안됐는데 집을 언제 사야**할 지** 모르겠어요.

그런데 시간이 지나면서 우리는 조금씩 친해**졌어요**. 우선 한글부터 가르치면서 간단한 인사말을 가르쳤어요. 에밀리는 한글을 아주 빨리 배우고 발음도 정확하게 할 수 있었어요. 수업이 끝나고 혼자서 공부를 많이 **한 것 같았어요**. 제가 가르친 아이 중에서 가장 빨리 한글을 배웠어요. 지금은 한국어를 배운 지 얼마 안 됐지만, 한국 식당에 가서 한국말로 음식을 주문할 수 있어요. 아주 똑똑하죠? 요즘은 오빠한테 한국어 인사를 가르치는데 "오빠는 한국말을 이상하게 발음해요."라고 말했어요. 에밀리가 이젠 한국어도 가르치네요.

04 A-아/어 지다 to become, turn

This expression shows a change in state over time. Make a note that this expression always goes with adjectives.

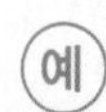

- 요즘 리아 씨는 저랑 만나면서 한국어가 다시 재미있**어졌어요.**
- 요즘에 취미로 한국어를 배우는 학생이 많**아지고 있어요.**

05 A/V-(으)ㄴ/는 것 같다

I think~, It seems~, it is likely to be~. 같다 can only be attached to a noun. In the case of an adjective or verb, you should turn them into a noun → nominalization. To do it, you can use 것 along with a noun modifying form. In this context, 공부하다 modifies 것 by using ㄴ(past tense)-공부한 것

A/V-(으)ㄴ/는(present) 것 같다

A/V-(으)ㄹ/ㄹ(future) 것 같다

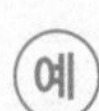

- "마치 노래를 부르는 가수가 소주에 취**한 것 같아요.**" 웃으면서 찐이 씨가 말했어요.(past tense)
- 저도 취미 생활로 외국어를 배웠으면 제 삶이 많이 달라졌을 **것 같아요.**(future tense)

06 V-(으)ㄴ지+time 되다 since + time expression

This expression shows how much time has passed since S V.

- 한국에 **온 지 얼마 안 돼**서 한국어를 못 했는데 이 아가씨하고는 영어로 말할 수 있었어요.
- 사라 씨는 한국어를 배**운 지가 5년 됐**지만 한국어를 잘 못해요.

07 A/V-지요(죠)?

This expression can be used 1) when the speaker wants to confirm with the listener or to seek the listener's agreement about something already known. It corresponds to a tag question in English (isn't it, don't you...). Also, 2) when the speaker is consulting the listener in seeking information, this expression can be used. In this context, the meaning is 1)

- 아주머니들이 찐이 씨 이름을 '찐'이라고 지었어요. 아주 재미있**죠**? (1)
- 나중에 에밀리가 정말 유명한 케이팝 가수가 되면 어떻게 하**죠**? (2)

또한 처음에 에밀리는 한국 문화에 대해서도 거의 몰랐어요. 예를 들자면 한국 사람이 입는 한복을 기모노로 잘못 알고 있었어요. 유일하게 **먹어 본** 한국 음식은 김치찌개였어요. 한국 식당에서 먹**어 본** 적이 있는데 에밀리가 가장 좋아하는 한국 음식이에요. 사실 에밀리는 엄마가 한국인인데 2년 전에 병으로 돌아가셨어요. 보통 엄마가 한국 사람이면 아이들은 한국 문화를 조금이라도 알지만 에밀리는 아니에요. 엄마가 집에서 한국말을 사용하지 않고 한국 음식도 거의 하지 않**은 것 같아요**.

08 V-아/어 보다 to try to

This expression is used when the speaker is trying to do a new thing or to experience an action.

- 오늘은 취미 생활로 한국어를 배우는 케이티 씨 이야기를 **해 볼**게요.
- 저도 유명한 싱가포르 하이난 치킨을 한 번 먹**어 보**고 싶어요.

하지만 요즘 에밀리와 에밀리 가족은 조금씩 바뀌고 있어요. 가끔 불고기와 김치를 사러 H마트에 가요. 또 매년 엄마가 돌아가신 날에는 엄마 유골을 뿌린 바다에 가서 엄마를 생각해요. 그런데 올해는 돌아오는 길에 한국 식당에 들러서 한국 음식을 먹고 집으로 돌아왔어요. 저는 에밀리 엄마 이야기를 듣고 슬펐어요. 에밀리가 슬퍼할까 봐 걱정도 됐어요. 그런데 이 이야기를 하고 나서 에밀리는 "지금은 아빠가 여러 여자 친구랑 데이트해요. 저는 그 중에서 세 번째 여자가 마음에 들어요."라고 말했어요. 우리는 큰 소리로 웃었어요. 하하하. 에밀리 아빠는 여자 친구가 너무 많네요! 에밀리는 엄마 잃은 슬픔을 극복하고 있**는 것 같아요**. 물론 케이팝 덕분이겠**죠**?

09 V-는 길에 on the way

This expression goes with movement verbs including 가다, 오다, 나가다, 퇴근/출근하다/들어가다/오다.

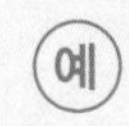

- 퇴근하**는 길에** 가게에 들렀어요.
- 학교에 가**는 길에** 친구를 만났어요.

케이팝 때문에 에밀리는 올리비아와 아주 친**해졌어요**. 올리비아는 부모님이 대만 사람인데 케이팝을 너무 좋아해요. 한국어도 에밀리보다 먼저 공부했어요. 온라인으로 한국어를 **배워 보**고 에밀리에게 추천해 줬어요. 지금은 케이팝 때문에 가장 친한 친구가 됐어요. 둘이서 같이 SM이나 YG에 들어갈 거예요. 그래서 시간이 있을 때 친구 올리비아와 같이 춤 연습도 하고 케이팝 노래도 해요. 여러 유튜브 사이트를 찾아서 한국어를 같이 배우기도 하고 한국어 단어장을 만들어서 공부하기도 해요. 요즘에는 트와이스(TWICE) 노래를 같이 듣고 있어요. 에밀리에게는 케이팝을 좋아하는 친구 올리비아가 큰 힘이 되는 **것 같아요**.

케이팝은 참 대단한 **것 같아요**. 어린이부터 어른까지 모두 이 음악을 좋아해요. 한국에 대해서 거의 모르던 에밀리까지도 한국어와 한국 문화를 배우려고 해요. 자신의 뿌리에 대해서 관심을 가지기 시작한 거죠. 에밀리는 친한 친구도 사귀고 마음의 슬픔도 조금씩 없**어지**고 있어요. 가족도 바뀌기 시작했어요. 케이팝 때문이에요. 저는 에밀리가 한국문화에 대해서 관심을 가지고 한국어를 계속 배웠으면 좋겠어요. 나중에 에밀리가 정말 유명한 케이팝 가수가 되면 어떻게 하**죠**? 미리 사인이라도 받아 놓는 것이 좋겠어요. 하하하.

10 V-아/어 놓다

to do something for future use or reference

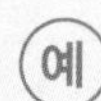

- 친구들과 같이 먹으려고 과자를 만들**어 놓았어요**.
- 공부하려고 휴대폰을 **꺼 놓았어요**.

핵심 문장 구조

1 제가 "왜 한국어를 배우나요?"라고 물어봤**을 때** 갑자기 눈을 크게 뜨**면서** 흥분된 목소리로 블랙핑크에 대해서 이야기했어요.

⊙ …ㄹ때 …면서 …

제가 왜 한국어를 배우나요 라고 물어 봤으	ㄹ 때	갑자기 눈을 크게 뜨다	면서	흥분된 목소리로 블랙핑크에 대해서 이야기 했다

SVㄹ때(when) [(S)OV면서(while) (S)V]

1) 케이티 씨는 한국어를 배우다/즐기다/배우다
2) 우리는 수업하다/알래스카와 제주도에 대해서 재미있게 이야기하다/날씨에 대한 표현을 배웠다

2 한국어를 배운 **지** 얼마 안**됐지만** 한국 식당에 **가서** 한국말로 음식을 주문할 수 있어요.

⊙ …ㄴ지 …됐지만 …아/어서 …

한국어를 배우다	ㄴ 지	얼마 안됐다	지만	한국 식당에 가다	아/어서	한국말로 음식을 주문할 수 있다

(S)OVㄴ지(since) V지만(but) SV아/어서(and then) OV

1) 한국에 오다/1년이 됐다/아직 시장에 가다/장을 못 보다
2) 한국어를 공부하다/오래되다/한국 사람들을 만나다/대화를 못 하다

3 보통 엄마가 한국사람이면 아이들은 한국말을 조금이라도 할 수 있지만 에밀리는 아니예요.

⊙ **…면 …지만 …**

보통 엄마가 한국사람이다	**(으)면**	아이들은 한국말을 조금이라도 할 수 있다	**지만**	에밀리는 아니다

SV면(if) SOV지만(but) SV

The meaning of the last sentence, 에밀리는 아니예요 is 에밀리는 한국말을 조금이라도 할 수 없어요

1) 보통 사람들이 한국어를 배우고 싶어하다/한국 문화에 관심이 많다/유진 씨는 아니다
2) 보통 남자 친구가 한국 사람이다/여자 친구는 한국 음식을 좋아하다/혜진 씨는 한국 음식을 좋아하지 않다

4 올해는 돌아오는 길에 한국 식당에 들러서 한국 음식을 먹었어요.

⊙ **…는 길에 …아/어서 …**

올해는 돌아오는 길	**에**	한국 식당에 들르다	**아/어서**	한국 음식을 먹었디

(S)V는 길에(on the way) (S)V아/어서(and then) OV

1) 집으로 돌아오다/제 동생은 친구를 만나다/놀이터에서 놀았다
2) 학교 가다/문방구에 들리다/준비물을 샀다

핵심 문장 구조 연습

1 **…ㄹ때 …면서 …**

감기에 걸렸다/기침이 나다/열이 났다

감기에 ______________________________.

2 **…ㄴ지 …됐지만 …아/어서 …**

요리를 배우다/얼마 안되다/밀가루와 여러가지 재료를 섞다/레몬쿠키를 만들 수 있다

요리를 ______________________________.

3 …면 …지만 …

겨울이다/비는 조금이라도 오다/눈은 아니다

겨울 ______________________________.

4 …는 길에 …아/어서 …

퇴근하다/빵집에 들르다/빵을 좀 사갈까요?

퇴근 ______________________________.

5 여러분은 감기나 독감에 걸렸을 때 증상이 어때요?

감기 ______________________________.

토론하기(쓰기)

초등학생 에밀리의 꿈은 에밀리에게 많은 영향를 미치고 있는데요. 어렸을 때 꿈이 여러분에게 어떻게 영향을 미쳤나요?

한국 문화

- **SM/YG entertainment**: They are South Korean, multinational entertainment companies. These companies help K-pop stars foster and popularize their careers, operating as a record label, talent agency, music production company, event management, concert production company, and music publishing house. They have played the main role in leading the worldwide K-wave phenomenon. In particular, they provide opportunities for English speakers to audition and then become K-pop stars.

- **블랙핑크**: Black Pink is a very popular South Korean girl group formed by YG Entertainment. It was formed through YG's worldwide auditions for preteens and teens.

- **한복**: Korean traditional clothes

- 김치찌개: a common Korean stew made with Kimchi
The ingredients are rather simple; very well fermented Kimchi, pork (or dried anchovy), onion, garlic, red chili powder, and tofu. Typically eaten with rice, this stew has a savory, spicy, sour, and sweet taste which combine for a deliciously tasting stew.

- 불고기: marinated grilled beef
The most well-known Korean dish in the world which is marinated in soy sauce, sesame oil, garlic, sugar, onion, and scallion

- 김치: a Korean traditional, fermented food
김치 is made of Chinese cabbage (Nappa), fish sauce, red chili powder (고추가루), salt, sugar, and garlic. There are several different varieties of김치. It is also used in various dishes such as stews, soups, and pancakes. The flavor depends on the length of fermentation. Because of lactic acid produced by bacteria during fermentation, it creates a tangy, pungent flavor.

- H마트: a Korean American Asian grocery chain in the U.S., serving imported packaged foods, housewares, and ready to serve meals

- 트와이스(Twice): a South Korean girl group formed by JYP entertainment

4 싱가포르 대장금

생각해 보기

어떤 나라의 문화를 **이해하는** 방법에는 무엇이 있나요? 여러분의 **경험**을 말해 보세요.

- 기도 하다, 는데(contrast), 기가 쉬워요, 동안, 잖아요
- K-drama 대장금

읽기

한국어를 배우는 학생들을 만나 보면 **대부분** 한국 음식에 아주 관심이 많아요. 아마도 한국 음식은 다른 나라 음식이랑 너무 달라서 한번 먹어 보면 잊어버릴 수 없을 거예요. 제 학생들은 떡볶이, 비빔밥, 불고기, 갈비, 잡채, 김치, 김밥, 파전, 호떡 등을 먹어 본 적이 있어요. **특히** 떡볶이와 비빔밥은 아주 인기예요. 요즘 *한류 영향으로 한국 음식에 대한 관심이 커지고 있잖아요. 제 학생 중에 음식을 아주 잘하는 학생이 있어요. 조지아주에 사는 사라 씨인데 별명이 싱가포르 대장금이에요. 좀 *특이한 별명이죠? 그런데 한국 사람이면 대장금이라는 말을 듣자마자 무슨 말인지 알 거예요. 드라마 대장금이 유명했잖아요. 이 **분**의 음식과 한국어에 대한 이야기를 들어 보기로 해요.

오늘은 일요일이에요. 사라 씨는 음식을 하려고 아침 일찍 일어나서 한국 마켓과 중국 마켓에서 **장을 봤어요**. 저녁에 두 아들이 와서 아침부터 하이난 치킨 라이스(Hainanese Chicken Rice)를 해요. 하이난 치킨 라이스는 싱가포르 **대표 음식**인데 닭고기를 **하루 종일 삶고** 그 *국물로 밥을 해서 **소스**와 함께 먹는 거예요. 중국 하이난섬에서 온 *초기 중국 사람들이 만들어 먹었어요. 하이난 식은 *뼈와 *섬유질이 많은 닭고기를 사용하는데 싱가포르 식은 광동식의 영향으로 **부드러운** 닭고기를 사용하고 *빨간 고추를 **넣어서** 먹기도 해요. 사라 씨 **큰아들**은 하이난 치킨 라이스를 아주 좋아하기 때문에 사라 씨는 아들이 집에 올 때마다 이 요리를 해요. 이제 이 음식은 사라 씨 가족이 가장 좋아하는 음식 중의 하나이며 엄마의 사랑이 **느껴지는** 싱가포르 음식이죠.

이해하다 to understand 경험(하다) experience(to experience) 대부분 mostly(adv.), most parts of something or someone(n.) 특히 particularly, especially 분 honorific expression of 사람 장을 보다 to do grocery shopping 대표 음식 national cuisine 하루 종일 all day long 삶다 to boil 소스 sauce 부드럽다 to be soft 넣다 to put 큰아들 the firstborn son among two or more sons 느끼다 to feel

사라 씨는 싱가포르 음식뿐만 아니라 한국 요리도 아주 잘해요. 사실 사라 씨는 싱가포르 사람인데 못하는 한국 요리가 없어요. 지난주에는 돼지국밥을 요리했고 **몇 달** 전에는 추어탕을 집에서 만들었어요. 보통 한국 사람들은 이 음식들을 밖에 나가서 사 먹어요. 시간이 오래 걸리고 요리하기가 힘든 음식이에요. 외국 사람들은 이 음식들을 잘 알지 못해요. 이 음식들을 잘한다는 건 한국 요리를 잘한다는 거예요. 사라 씨는 남편이 한국 사람이라서 한국 요리를 많이 해요. 한국 음식을 만들어서 **시부모님**을 **초대하기도** 해요. 한국 음식으로 가족을 사랑하는 사라 씨 마음이 느껴지네요.

한번은 사라 씨가 저에게 사진을 **보냈어요**. 아들들이 집에 와서 저녁**상을 차린** 사진이었어요. 보통 우리는 고기 요리를 하면 한 종류를 하잖아요. 사라 씨는 닭고기, 소고기, 돼지고기, *종류별로 고기 요리를 해서 상을 차렸어요. 한국식과 싱가포르식이 잘 어우러진 상차림이었어요. **놀라워요**. 그래서 사라 씨 동생은 사라 씨를 싱가포르 대장금이라고 **불러요**. 하하하. 대장금은 한국에서 오래전에 아주 **인기 있었던** 드라마예요. 여자 *주인공 대장금이 한국 **전통 음식**을 아주 잘 만들어요. 이 드라마 후에 음식을 아주 잘하는 사람을 대장금이라고 부르기도 해요. 싱가포르 대장금은 두 개의 문화 속에서 재미있고 *조화롭게 살아가는 사라 씨 모습을 잘 보여주는 별명인 것 같아요.

그렇지만 싱가포르 대장금에게 유일하게 어려운 것이 있어요. 사라 씨는 조지아주 애틀랜타에 있는 한글 학교를 주말에 **다니면서** 한국어 공부를 하고 있어요. 처음 만났을 때 "선생님, 한국어가 너무 어려워요. 5년 동안 배웠지만 아직도 한국어로 말을 잘 못 해요. 시부모님들과 한국어로 말하고 싶은데

몇 달 a few months **시부모님** the parents of one's husband **초대하다** to invite **보내다** to send **상을 차리다** to set the table **놀랍다** to be surprised, **놀랍게도**(adv.) surprisingly **부르다** to call (out a person) **인기 있다** to be popular **전통 음식** traditional food **다니다** to go (and attend) regularly

아직 한국어로 말하기가 어려워요." 사라 씨는 *안타까운 *표정으로 말했어요. 사실 사라 씨는 오랫동안 미국 회사에 다니고 있는데 곧 *은퇴할 거에요. 그런 나이에 언어를 배우는 것은 쉽지 않아요. 하지만 미국 회사에 다니는 동안 **꾸준히** 한국어를 공부하고 있어요. 사라 씨에게 한국어는 시부모님을 *존중하는 마음이면서 음식과 함께 한국문화를 사랑하는 *표현이에요.

싱가포르 하이난 치킨 라이스처럼 사라 씨는 싱가포르 문화와 한국 문화가 잘 *어우러진 사람 같아요. 사라 씨랑 이야기하고 있으면 사라 씨가 어떤 때는 한국 사람인 것 같기도 하고 어떤 때는 싱가포르 사람인 것 같기도 해요. 서로 존중하고 사랑하면서 살다 보니 두 문화 속에서 자연스럽게 살게 되고 즐거워졌어요. 음식과 한국어가 커다란 *역할을 하고 있죠. 두 문화 중에 어떤 것이 나은지 *판단하지 않아요. 그냥 자연스럽게 **받아들이지요**. 그러다 보니 싱가포르 대장금이 됐어요. 저도 유명한 싱가포르 하이난 치킨을 한 번 먹어 보고 싶어요. 하하하. 한국 음식도 *세계화가 되면서 더 맛있게 바뀔 수도 있겠죠?

꾸준히 steadily　받아들이다 to accept

1 하이난 치킨 라이스는 어떤 음식인가요?

① 중국의 전통 음식
② 돼지 고기를 삶아서 만든 음식
③ 야채와 함께 볶아서 만든 음식
④ 싱가포르 대표 음식

2 사라 씨는 일요일 아침에 하이난 치킨 라이스를 왜 만들어요?

① 교회에 가져다주려고
② 사라 씨 가족의 단골 메뉴가 하이난 치킨 라이스이기 때문에
③ 두 아들이 오기 때문에
④ 손님이 오기 때문에

3 한국어 선생님은 사라 씨가 보내 준 사진을 보고 왜 놀랐어요?

4 사라 씨 별명이 왜 싱가포르 대장금인가요?

① 싱가포르 사람이면서 한국 문화를 좋아해서
② 싱가포르에서 유명한 사람이라서
③ 싱가포르 사람이면서 음식을 잘해서
④ 싱가포르 사람이면서 한국 드라마 대장금을 아주 좋아해서

5 하이난 치킨 라이스와 사라 씨와 비슷한 점은 무엇인가요?

6 사라 씨는 두개의 문화를 어떻게 받아들이나요?

표현 익히기

한국어를 배우는 학생들을 만나 보면 대부분 한국 음식에 아주 관심이 많아요. 아마도 한국 음식은 다른 나라 음식이랑 너무 달라서 한번 먹어 보면 잊어버릴 수 없을 거예요. 제 학생들은 떡볶이, 비빔밥, 불고기, 갈비, 잡채, 김치, 김밥, 파전, 호떡 등을 먹어 본 적이 있어요. 특히 떡볶이와 비빔밥은 아주 인기예요. 요즘 한류 영향으로 한국 음식에 대한 관심이 커지고 있잖아요. 제 학생 중에 음식을 아주 잘하는 학생이 있어요. 조지아주에 사는 사라 씨인데 별명이 싱가포르 대장금이에요. 좀 특이한 별명이죠? 그런데 한국 사람이면 대장금이라는 말을 듣자마자 무슨 말인지 알 거예요. 드라마 대장금이 유명했**잖아요**. 이분의 음식과 한국어에 대한 이야기를 들어 보기로 해요.

01 V-아/어 버리다

This expression is used when you do an action completely and as a result, you want to convey relieved or negative feelings.

- 식구들이 너무 친절하고 매튜 씨에게 잘해줘서 매튜 씨는 한국 생활을 잊**어버리**지 못해요.
- 특히 제주도에 유채꽃과 올레길이 있는데 이걸 보면 제주도를 잊**어버릴** 수 없을 거예요.

 A/V-잖아요

This expression reminds the listener of a fact he or she knows. It gives a sentence the feeling of confirmation. The meaning is, you know…

N-(이)잖아요

예

- 사실 외국으로 살러 가는 건 쉬운 일이 아니에요. 인생이 바뀔 수도 있**잖아요.**
- 아는 사람도 없고 새로운 곳**이잖아요**.

 V-기로 하다

to decide to, to plan to, to make a promise

In this context, it refers to the speaker and listener making a promise to do something. (=이야기를 들어 보기로 해요.)

예

- 찐이 씨를 찐이라고 부르**기로 했어요**.
- 운 좋은 여자 리아 씨의 인생 전환점에 대한 이야기를 들어 보**기로 해요**.

오늘은 일요일이에요. 사라 씨는 음식을 **하려고** 아침 일찍 일어나서 한국 마켓과 중국 마켓에서 장을 봤어요. 저녁에 두 아들이 와서 아침부디 하이난 치킨 라이스 (Hainanese Chicken Rice)를 해요. 하이난 치킨 라이스는 싱가포르 대표 음식인데 닭고기를 하루 종일 삶고 그 국물로 밥을 해서 소스와 함께 먹는 거예요. 중국 하이난섬에서 온 초기 중국 사람이 만들어 먹었어요. 하이난 식은 뼈와 섬유질이 많은 닭고기를 **사용하는데** 싱가포르 식은 광둥식의 영향으로 부드러운 닭고기를 사용하고 빨간 고추를 넣**어서** 먹**기도 해요**. 사라 씨 큰아들은 하이난 치킨 라이스를 아주 좋아하기 때문에 사라 씨는 아들이 집에 올 때마다 이 요리를 해요.

이제 이 음식은 사라 씨 가족이 가장 좋아하는 음식 중의 하나이며 엄마의 사랑이 느껴지는 싱가포르 **음식이죠.**

04 V-려고 in order to, so that…

This expression stems from -려고 하다(to intend to, 3-2). It also means the same thing as -기 위해서(6-2).

- 찐이 씨는 한국어를 가르치**려고** 한국에 왔어요.
- 케이티 씨는 꼭 무언가를 잘하**려고** 열심히 노력하는 건 아닌데 작은 것에 즐거움을 느끼면서 살고 마음의 문을 활짝 열어요.

05 A/V-(으)ㄴ/는데

background information (2–4)

This ending is used to express contrast in meaning between two separate clauses (=but).

- 코비드 기간이라 해외 여행하기가 쉽지 않**은데** 잘 도착했겠죠?
- 시애틀에 도착한 후 메간 씨는 비행기를 타고 한국으로 갔**는데** 메간 씨 어머니는 미시간으로 돌아갔어요.

06 A/V-지요(죠)

지요 without a question mark in this context expresses the meaning of "of course".

- 다국적 기업에서 영어를 잘 못 해서 항상 자신감이 없던 리아 씨는 한국어 때문에 또 한 번의 기회를 잡은 거**죠**.
- 한국에 대해서 거의 모르던 에밀리까지도 한국어와 한국 문화를 배워 보려고 해요. 자신의 뿌리에 대해서 관심을 가지기 시작한 거**죠**.

사라 씨는 싱가포르 음식뿐만 아니라 한국 요리도 아주 잘해요. 사실 사라 씨는 싱가포르 사람인데 못하는 한국 요리가 없어요. 지난주에는 돼지국밥을 요리했고 몇 달 전에는 추어탕을 집에서 만들었어요. 보통 한국 사람들은 이 음식들을 밖에 나가서 사 먹어요. 시간이 오래 걸리고 요리하**기가 힘든** 음식이에요. 외국 사람들은 이 음식들을 잘 알지 못해요. 이 음식들을 잘한다는 건 한국 요리를 잘한다는 거예요. 사라 씨는 남편이 한국 사람이라서 한국 요리를 많이 해요. 한국 음식을 만들어서 시부모님을 초대하기도 해요. 한국 음식으로 가족을 사랑하는 사라 씨 마음이 느껴지네요.

07 A/V-기(가) 힘들다 It is hard to V…

The nominalizer-기 is used to form a noun out of a verb. This expression can be combined with a subject particle and adjectives such as 어렵다/쉽다/편하다/불편하다/좋다/나쁘다.

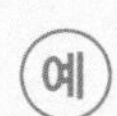

- 코비드 기간이라 해외 여행하**기가 쉽**지 않은데 잘 도착했겠죠?
- 한국어는 인기가 없어서 선택하**기 쉬웠어요**.

한번은 사라 씨가 저에게 사진을 보냈어요. 아들들이 집에 와서 저녁상을 차린 사진이었어요. 보통 우리는 고기 요리를 하면 한 종류를 **하잖아요**. 사라 씨는 닭고기, 소고기, 돼지고기, 종류별로 고기 요리를 해서 상을 차렸어요. 한국식과 싱가포르식이 잘 어우러진 상차림이었어요. 놀라워요. 그래서 사라 씨 동생은 사라 씨를 싱가포르 대장금이라고 불러요. 하하하. 대장금은 한국에서 오래전에 아주 인기 있었던 드라마예요. 여자 주인공 대장금이 한국 전통 음식을 아주 잘 만들어요. 이 드라마 후에 음식을 아주 잘하는 사람을 대장금이라고 **부르기도 해요.** 싱가폴 대장금은 두 개의 문화 속에서 재미있고 조화롭게 살아가는 사라 씨 모습을 잘 보여주는 별명인 것 같아요.

03 A/V-기도 하다

In the case of a verb (V- 기도 하다), this expression means 'sometimes…too'. In the case of an adjective, this expression represents two states at the same time (both A and B). 어떤 때 means some-time, which emphasizes -기도 하다. Also, -기도 하다 can be used like-기도 하고-기도 하다.

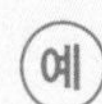

- 여러 유튜브 사이트를 찾아서 한국어를 같이 배우**기도 하고** 한국어 단어장을 만들어서 공부하**기도 해요.**
- 매튜 씨는 하나님을 믿어서 교회에 나가**기도 하고** 여자친구 때문에 불교 동아리에 나가**기도 하네요.**

그렇지만 싱가포르 대장금에게 유일하게 어려운 것이 있어요. 사라 씨는 조지아주 애틀랜타에 있는 *한글 학교를 주말에 다니면서 한국어 공부를 하고 있어요. 처음 만났을 때 "선생님, 한국어가 너무 어려워요. 5년 동안 배웠지만 아직도 한국어로 말을 잘 못 해요. 시부모님들과 한국어로 말하고 싶**은데** 아직 한국어로 말하**기가 어려워요.**" 사라 씨는 안타까운 표정으로 말했어요. 사실 사라 씨는 오랫동안 미국 회사에 다니고 있는데 곧 은퇴할 거에요. 그런 나이에 언어를 배우는 것은 쉽지 않아요. 하지만 미국 회사에 다니는 동안 꾸준히 한국어를 공부하고 있어요. 사라 씨에게 한국어는 시부모님을 존중하는 마음이면서 음식과 함께 한국문화를 사랑하는 표현이에요.

 N/V-동안/는 동안 for, during, while

In order to represent a period of time, this expression can be used.

예
- 1년 **동안** 한국에서의 경험은 매튜 씨에게 많은 영향을 줬어요.
- 한국에 사**는 동안** 여러가지 일이 있었어요.

싱가포르 하이난 치킨 라이스처럼 사라 씨는 싱가포르 문화와 한국 문화가 잘 어우러진 사람 같아요. 사라 씨랑 이야기하고 있으면 싱 사라 씨가 어떤 때는 한국 사람인 것 같**기도 하고** 어떤 때는 싱가포르 사람인 것 같**기도 해요**. 서로 존중하고 사랑하면서 살다 보니 두 문화 속에서 자연스럽게 살게 되고 즐거워졌어요. 음식과 한국어가 커다란 역할을 하고 있죠. 두 문화 중에 어떤 것이 나은지 판단하지 않아요. 그냥 자연스럽게 받아들이지요. 그러다 보니 싱가포르 대장금이 됐어요. 저도 유명한 싱가포르 하이난 치킨을 한 번 먹어 보고 싶어요. 하하하. 한국 음식도 세계화가 되면서 더 맛있게 바뀔 **수도 있겠죠**?

 A/V-ㄹ 수도 있다 might

It represents the possibility and corresponds to might in English.

예
- 옷을 얇게 입으면 감기에 걸**릴 수도 있어요**.
- 사실 외국으로 살러 가는 건 쉬운 일이 아니에요. 인생이 바**뀔 수도 있**잖아요.

핵심 문장 구조

1 사라 씨는 음식을 하려고 아침 일찍 일어나서 한국 마켓과 중국 마켓에서 장을 봤어요.

◎ **…려고 …아/어서(and then) …**

사라 씨는 음식을 하다	**(으)려고**	아침에 일어나다	**아/어서**	한국 마켓과 중국 마켓에서 장을 보다

SOV려고(so that) (S)V아/어서(and then) OV

1) 유진 씨는 놀이공원에 가다/버스에서 내리다/지하철을 탔다
2) 좋은 성적을 받다/도서관에 가다/열심히 공부했다

2 사라 씨 큰아들은 하이난 치킨 라이스를 아주 좋아하기 때문에 사라 씨는 아들이 집에 올 때마다 이 요리를 해요.

◎ **…기 때문에 …때마다(whenever) …**

사라 씨 큰아들은 하이난 치킨 라이스를 아주 좋아하다	**기 때문에**	사라 씨는 아들이 집에 오다	**ㄹ 때마다**	이 요리를 하다

SOV기 때문에(because) SV때마다(whenever) (S)OV

1) 우리 엄마는 빵을 좋아하다/친구 집에 가다/빵을 사가다
2) 우리 형은 수영을 잘하다/대회에 나가다/일등을 하다

3 하이난 치킨 라이스는 싱가폴 대표 음식인데 닭고기를 하루종일 삶고 그 국물로 밥을 해서 소스와 함께 먹는 거예요.

⊙ …는데(background information) …아/어서(and then) …는 거예요

하이난 치킨 라이스는 싱가폴 대표 음식이다	ㄴ/는데	닭고기를 하루 종일 삶다고그 국물로 밥을 하다	아/어서	소스와 함께 먹는 것이다

SV는데 (S)OV and OV아/어서(and then) V는 거예요

1) 스파게티는 이탈리아 대표 음식이다/스파게티 국수를 삶고 토마토 소스로 비비다/먹는 것이다
2) 떡국은 한국의 대표음식 중의 하나다/소고기 국물을 만들고 떡을 넣다/먹는 것이다

4 하이난 식은 뼈와 섬유질이 많은 닭고기를 사용하는데 싱가포르 식은 광둥식의 영향으로 부드러운 닭고기를 사용하고 빨간 고추를 넣어서 먹기도 해요.

⊙ …는데(but) …아/어서(and then)

하이난 식은 섬유질이 많은 닭고기를 사용하다	는데	싱가포르 식은 광둥식의 영향으로 부드러운 닭고기를사용하다 고 빨간 고추를 넣다	어서	먹기도 하다

SOV는데(but) [SOV고(and) OV어서(and then) V]

는데 expresses contrast in meaning between two separate clauses and the topic particles (은, 는) should be used.

---

1) 김밥은 익힌 야채를 사용하다/스시는 생야채를 사용하다/생선을 밥에 넣다/만들기도 하다
2) 작년에는 에밀리 가족이 엄마를 보러 바다에 갔다/올해는 엄마를 보다/식당에 들리다/한국 음식을 먹었다

핵심 문장 구조 연습

1 …려고 …아/어서(and then) …

건강해지다/일찍 일어나다/운동하다

 ____.

2 …기 때문에 …때마다(whenever) …

산을 좋아하다/시간이 있다/친구랑 등산을 하다

산을 ____.

3 …는데 …아/어서(and then) …는 거예요

비빔밥은 한국의 대표음식/밥과 여러가지 야채를 넣고 고추장으로 비비다/먹는 것이다

비빔밥은 ______________________________.

4 …는데(but) …아/어서(and then)

주중에는 회사에서 열심히 일하다/주말에는 K- 드라마를 보고 한국 음식점에 가다/식사를 하기도 하다

주중에는 ______________________________.

토론하기(쓰기)

싱가포르 대장금, 사라 씨처럼 두 가지 문화가 어우러져서 재미있게 살아가는 주변 사람들의 생활에 대해서 말해 보세요.

한국 문화

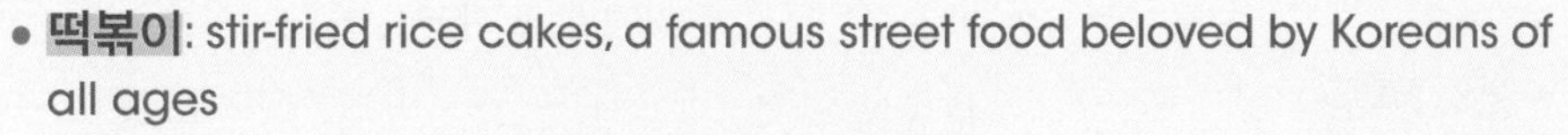

- **떡볶이**: stir-fried rice cakes, a famous street food beloved by Koreans of all ages
  떡볶이 is made of rice cakes, (fish cakes), soy sauce, sugar, and red pepper paste(고추장). It is sweet, spicy, and chewy.

- **비빔밥**: a very popular Korean dish
  비빔밥 is served as a rice bowl topped with all sorts of sauteed and seasoned vegetables, marinated beef, fried egg, and red pepper paste(고추장). 비빔밥 with a hot stone pot is especially famous.

- **대장금**: It is a famous historical K-drama in many countries around the world. It is also known for having helped start the Korean Wave. It tells the story of the first royal female physician in the Joseon dynasty (the last kingdom of Korea). She, a lady in the court of the royal kitchen since an early age, strives to learn the secrets of Korean cooking and medicine to cure the king. Her perseverance and determination were essential in her role of becoming a royal physician to the king during a time in Korean history when society was heavily male-dominated. 대장금 also accurately portrays traditional Korean culture such as Korean royal court cuisine and traditional medicine.

- **돼지국밥**: a representative local food of Busan(the second largest city in South Korea)
  It is a broth made of pig bones and flesh eaten with rice. The soup has a deep and aromatic taste.

- **추어탕**: boiled mud-fish soup, a well-known energy-boosting food
  추어탕 is a thick strongly flavored soup made of fresh loach simmered with vegetables, soybean paste, and red chili paste.

- **한글 학교**: non-profit organizations that provide the education of Korean language and Korean culture around the world
  Typically, classes are offered on Saturdays or Sundays.

쌤, 안녕하세요?

생각해 보기

여러분은 다른 나라를 여행하면서 재미있게 느꼈던 문화가 있나요?

- 던, 게 되다, ㄹ 수 있다, 아/어도, 다가
- cultural concept of 정

읽기

"쌤, 안녕하세요?" 매튜 씨는 저를 처음 만났을 때 이렇게 **인사했어요**. 매튜 씨를 만나기 전에 저를 이렇게 부르는 사람은 *아무도 없었어요. '쌤'이라는 말은 선생님이라는 말인데 요즘 한국 **젊은** 사람들이 말할 때 많이 사용해요. 처음 만났을 때 매튜 씨는 한국어를 잘하는 편은 아니지만 뭔가 자연스럽게 할 줄 알았어요. 매튜 씨는 항상 얼굴이 밝고 *유머가 있어요. 하지만 마음 *속에 **20대** *청년의 **어려움**이 있어요. 그런 매튜 씨와 한국은 *인연이 좀 있는 것 같아요. 그러면 매튜 씨의 인연 이야기를 들어 볼까요?

매튜 씨와 한국의 인연은 어렸을 때부터예요. 매튜 씨는 어렸을 때 동네에 친한 친구가 있었는데 한국 사람이었어요. 그래서 한글을 배웠는데 5일 만에 한글을 읽게 됐어요. 너무 놀라웠어요. 왜냐하면 한글을 배우고 나서 어떤 **글자**도 읽을 수 있었기 때문이에요. 그때부터 한국에 대한 *호기심이 생겨서 "나중에 시간 있으면 한국으로 여행 갈 거예요."라고 **말하고 다녔어요**. 대학교 때는 *정치학을 **전공했는데** 외국어를 하나 해야 해서 중국어를 공부했어요. 중국어 수업에서 친하게 지내던 친구가 있었는데 어느 날 여자 친구를 만나러 한국에 가는데 "같이 한국에 갈래?"하고 물었어요. *마침 매튜 씨 학교가 한국의 한양 대학교와 *자매학교라서 *교환학생으로 갈 수 있었어요. 드디어 매튜 씨는 한국에 가게 됐어요.

매튜 씨는 한양 대학교에서 한국어 **수업을 들었어요**. *꿈에 그리던 한국이었어요. 하지만 시간이 가면서 돈이 **떨어져서** 100불밖에 없었어요. "이걸로

인사하다 to greet, to bow 젊다 to be young 20대 twenties 어려움 difficulty, 어렵다 (adj.) to be difficult 글자 letter 말하고 다니다 speak around 전공하다 to major in 수업을 듣다 to take a class 떨어지다 to run out of, fall

어떻게 살지?" **고민하고** 있었는데 학교에 가다가 지하철역 **근처**에서 *하나님을 *전도하는 대학생을 만났어요. 그 사람은 "하나님 **믿으세요**?"라고 영어로 물어봤어요. 매튜 씨는 **교회**에 나가게 됐고 교회에서 밥을 먹고 한국 사람들에게 영어를 가르치면서 한국 생활을 할 수 있었어요. 교회 식구들이 너무 **친절하고** 매튜 씨에게 잘해줘서 매튜 씨는 한국 생활을 잊어버리지 못해요. 저에게 한국 생활에 대해서 이야기할 때 정말 고마워하는 표정이었어요. 매튜 씨는 한국 사람들의 정이라는 문화를 경험한 것 같아요.

매튜 씨는 한국 사람들이 소주와 삼겹살을 먹으면서 이야기하는 문화도 아주 좋아해요. 대학생들이 *동아리에서 술 먹고 이야기하면서 **우정을 쌓는** 한국 문화를 경험했어요. 아주 따뜻한 문화이지요. 매튜 씨는 이 문화 속에서 자연스럽게 한국어를 배웠어요. "술을 먹으면 **부끄러움**이 없어져서 한국어를 잘 할 수 있었어요." 매튜 씨가 웃으면서 말했어요. 아, 매튜 씨와 제가 처음 만났을 때 왜 매튜 씨가 저를 '쌤'이라고 불렀는지 이제 이해되네요.

또한 매튜 씨는 한국에서 **아름다운** 아가씨와 사귀었어요. 이태원 술집에 갔다가 똑똑하고 아름다운 아가씨를 만났어요. *일기예보 리포터인데 영어를 잘했어요. 한국에 온 지 얼마 안 돼서 한국어를 못 했는데 이 아가씨하고는 영어로 말할 수 있었어요. 이 아가씨는 *불교를 믿어서 같이 불교 동아리에 나갔어요. 매튜 씨는 하나님을 믿기 때문에 교회에 나가기도 하고 여자친구 때문에 불교 동아리에 나가기도 하네요. 하하하. 재미있네요. 매튜 씨는 이 아가씨를 사랑했지만 너무 똑똑하고 예뻐서 *감히 사랑한다고 이야기할 수 없었어요. **결국**, **솔직하게** 자신을 표현하지 못하고 그 아가씨와는 **헤어졌**

고민하다 to worry, **고민(n.)** worry **근처** nearby **믿다** to believe, to trust **교회** church **친절하다** to be kind **우정을 쌓다** to make friendship **부끄러움** shyness, embarrassment, shame, **부끄럽다(adj.)** to be shy, to be embarrassed, to be shameful **아름답다** to be beautiful **결국** eventually **솔직하다** to be honest, **솔직하게 (adv.)** honestly **헤어지다** to break up

어요. 지금도 일하다가 그 아가씨를 생각하면 **아쉬워요**. 그렇지만 지금은 비티에스(BTS)를 아주 좋아하는 여자 친구가 있어요. 이 여자 친구하고는 미래에 대해서 **진지하게** 이야기하면서 지내요. 물론 지금은 이 여자 친구를 더 좋아해요. 하하하.

지금 매튜 씨는 조지아주 애틀랜타 근처에 있는 스타벅스(Starbucks)에서 바리스타로 일하고 있어요. 매일 아침 5시에 일어나서 일하러 가요. 빨리 커피를 만들어야 하고 쉬는 시간이 짧아서 잘 쉬지 못해요. 특히 겨울에는 새로운 **제품**이 많이 나와서 **손님**이 많아요. 온종일 커피를 만들다 보면 너무 **힘들어서** 집에 파김치가 돼서 돌아와요. 많이 힘들어도 매튜 씨는 일주일에 한 번씩 한국 문화 센터에 한국어를 배우러 다니고 온라인으로 저하고 수업도 해요. 바리스타 일이 너무 힘들어서 *무언가 새로운 일을 **찾고** 싶어 해요. 그래서 한국어를 열심히 배우면서 **기회**를 찾고 있어요. 힘든 일을 해도 한국어를 배우는 것이 매튜 씨에게는 힘이 돼요.

매튜 씨는 한국에 갔다 온 후에 한국어와 한국 문화를 사랑하게 됐어요. 1년 동안 한국에서의 경험은 매튜 씨에게 많은 영향을 줬어요. 5년 동안 배우던 중국어를 **그만두고** 한국어를 배우기 시작했고 사랑했던 여자가 사는 곳이고 **따뜻한** 정이 있는 곳이라서 한국을 더 좋아하게 되었어요. 그래서 기회가 있으면 한국으로 가거나 한국과 *관련된 일을 하고 싶어 해요. 생각해 보면 20대에는 **누구나** *미래에 대한 고민이 있었던 것 같아요. 20대인 매튜 씨에게 한국어는 *희망이네요! 매튜 씨, **힘내세요**!!! 좋은 일이 있을 거예요.

아쉽다 to feel sorry **진지하다** to be earnest, to be serious, **진지하게**(adv.) earnestly, seriously **제품** product **손님** customer, guest **힘들다** to be hard, tough, laborious, to be difficult **찾다** to look for **기회** chance, opportunity **그만두다** to stop, quit **따뜻하다** to be warm **누구나** whoever, everyone **힘내다** to cheer up

1 매튜 씨는 처음에 어떻게 한국에 대해서 알게 됐나요?

① 티비에서 봤어요.
② 어렸을 때 한글을 배우면서 알게 됐어요.
③ 한국 드라마를 봤어요.
④ 친구들이 한국에 대해서 이야기했어요.

2 매튜 씨는 왜 한국에서 교회에 갔어요?

3 매튜 씨가 경험한 두 가지 한국 문화는 어떤 것인가요?

4 매튜 씨의 한국어가 자연스러운 이유는 무엇인가요?

① 한국에서 공부해서
② 어렸을 때 한글을 배워서
③ 술먹고 이야기 하면서 한국어를 배워서
④ 한국 여자랑 사귀어서

5 왜 매튜 씨는 한국에서 사랑하는 여자와 헤어졌나요?

① 한국어를 못하기 때문에 대화가 안돼서
② 돈이 없어서
③ 종교가 달라서
④ 여자 친구가 너무 똑똑하고 예뻐서

6 매튜 씨는 스타벅스에서 일하고 있는데 다른 일을 찾고 있는 이유는 무엇인가요?

표현 익히기

"쌤, 안녕하세요?" 매튜 씨는 저를 처음 만났을 때 이렇게 인사했어요. 매튜 씨를 만나기 전에 저를 이렇게 부르는 사람은 아무도 없었어요. '쌤'이라는 말은 선생님이라는 말인데 요즘 한국 젊은 사람들이 말할 때 많이 사용해요. 처음 만났을 때 매튜 씨는 한국어를 **잘하는 편은 아니지만** 뭔가 자연스럽게 할 줄 알았어요. 매튜 씨는 항상 얼굴이 밝고 유머가 있어요. 하지만 마음 속에 20대 청년의 어려움이 있어요. 그런 매튜 씨와 한국은 인연이 좀 있는 것 같아요. 그러면 매튜 씨의 인연 이야기를 들어 볼까요?

01 A/V-ㄴ 편이다 sort of, relatively

In the case of a verb, an adverb representing a degree(well, poorly, often, rarely, etc.) should be used. In this sentence. 하다(v.) is used with 잘 (adv.)

- 저는 성격이 적극적**인 편이에요**.
- 영화관에 자주 가**는 편이에요**.

매튜 씨와 한국의 인연은 어렸을 때부터예요. 매튜 씨는 어렸을 때 동네에 친한 친구가 있었는데 한국 사람이었어요. 그래서 한글을 배웠는데 5일 만에 한글을 **읽게 됐어요**. 너무 놀라웠어요. 왜냐하면 한글을 배우고 나서 어떤 글자도 읽을 수 있었기 때문이에요. 그때부터 한국에 대한 호기심이 생겨서 "나중에 시간 있으면 한국으로 여행 갈 거예요."라고 말하고 다녔어요. 대학교 때는 정치학을 전공했는데 외국어를 하나 해야 해서 중국어를 공부했어요. 중국어 수업에서 친하게 **지내던** 친구가 있었는데 어느 날 여자 친구를 만나러 한국에 가는데 "같이 한국에 갈래?"하고 물었어요. 마침 매튜 씨 학교가 한국의 한양 대학교와 자매학교라서 교환학생으로 **갈 수 있었어요**. 드디어 매튜 씨는 한국에 가**게 됐어요**.

02 V-게 되다

(become, come to, find out): change or turn of events
This expression expresses a change from one event to another.
매튜 씨 didn't know how to read the Korean alphabet. However, he was able to read it after learning it.

예
- 한글을 배우고 나서 한국어로 학생들 이름을 읽을 수 있**게 됐어요**.
- 케이티 씨는 메리 씨랑 같이 이야기하면서 몇몇 한국 음식들을 알**게 됐어요**.

03 왜냐하면~ A/V기 때문이다 It's because…

예
- 케이티 씨가 좋아하는 말 중의 하나가 "안녕하세요?"예요. **왜냐하면** '녕'의 이응 소리가 마음에 들**기 때문이에요**.
- 리아 씨는 한국어를 선택했어요. **왜냐하면** 한국어가 그냥 좋았**기 때문이에요**.

04 V-(으)ㄹ 수 있다/없다 can/cannot

예
- 학교에서 같이 일하는 선생님들과 학생들은 모두 찐이 씨와 영어로만 말하기를 원해서 한국어를 배울 **수가 없었어요**.
- 한국 회사들이 한국어를 **할 수 있**는 대만 학생들을 뽑았어요.

05 A/V-던 used to

This expression is used when you recall a memory about an event that happened repeatedly in the past but has not continued into the present. It emphasizes the repetition in the past, compared to 았/었던(5-10).

- 마음에 슬픔이 있**던** 에밀리는 케이팝을 알고나서부터 조금씩 바뀌고 있거든요.
- 코로나 때문에 아무도 노래방에 안 가**던** 때였어요.

매튜 씨는 한양 대학교에서 한국어 수업을 들었어요. 꿈에 그리**던** 한국이었어요. 하지만 시간이 가면서 돈이 떨어져서 100불밖에 없었어요. "이걸로 어떻게 살지?" 고민하고 있었는데 학교에 **가다가** 지하철역 근처에서 하나님을 전도하는 대학생을 만났어요. 그 사람은 "하나님 믿으세요?"라고 영어로 물어봤어요. 매튜 씨는 교회에 나가**게 됐**고 교회에서 밥을 먹고 한국 사람들에게 영어를 가르치면서 한국 생활을 **할 수 있었어요**. 교회 식구들이 **너무** 친절하고 매튜 씨에게 잘해줘서 매튜 씨는 한국 생활을 잊어버리지 못해요. 저에게 한국 생활에 대해서 이야기할 때 정말 고마워하는 표정이었어요. 매튜 씨는 한국 사람들의 정이라는 문화를 경험한 것 같아요.

06 V-다(가)

This expression is used to indicate the speaker's interruption of one action to immediately start doing another action.

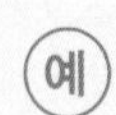

- 똑바로 가**다가** 오른쪽으로 가세요.
- 수업을 듣**다가** 졸았어요.

매튜 씨는 한국 사람들이 소주와 삼겹살을 먹으면서 이야기하는 문화도 아주 좋아해요. 대학생들이 동아리에서 술 먹고 이야기하면서 **우정을 쌓는** 한국 문화를 경험했어요. 아주 따뜻한 문화이지요. 매튜 씨는 이 문화 속에서 자연스럽게 한국어를 배웠어요. "술을 먹으면 **부끄러움**이 없어져서 한국어를 잘 할 수 있었어요." 매튜 씨가 웃으면서 말했어요. 아, 매튜 씨와 제가 처음 만났을 때 왜 매튜 씨가 저를 '쌤'이라고 불렀는지 이제 이해되네요.

또한 매튜 씨는 한국에서 아름다운 아가씨와 사귀었어요. 이태원 술집에 갔다가 똑똑하고 아름다운 아가씨를 만났어요. 일기예보 리포터인데 영어를 잘했어요. 한국에 온 지 얼마 안 돼서 한국어를 못 했**는데** 이 아가씨하고는 영어로 말**할 수 있었어요**. 이 아가씨는 불교를 믿어서 같이 불교 동아리에 나갔어요. 매튜 씨는 하나님을 믿기 때문에 교회에 나가기도 하고 여자친구 때문에 불교 동아리에 나가기도 하네요. 하하하. 재미있네요. 매튜 씨는 이 아가씨를 사랑했지만 너무 똑똑하고 예뻐서 감히 사랑한다고 이야기**할 수 없었어요**. 결국, 솔직하게 자신을 표현하지 못하고 그 아가씨와는 헤어졌어요. 지금도 일하**다가** 그 아가씨를 생각하면 아쉬워요. 그렇지만 지금은 비티에스(BTS)를 아주 좋아하는 여자 친구가 있어요. 이 여자 친구하고는 미래에 대해서 진지하게 이야기하면서 지내요. 물론 지금은 이 여자 친구를 **더** 좋아해요. 하하하.

07 V-았/었다(가)

This expression is used to indicate the completion of the speaker's first action and then perform the second action. Please make a note of the difference between 5-6 and 5-7.

- 한국드라마와 '슈퍼맨이 돌아왔다'같은 한국 예능을 매우 좋아하기 때문에 회사에 **갔다** 와서 보는 게 큰 즐거움이에요.
- 한국어와 제주도에 대해서 열심히 공부하고 가족과 좋은 시간도 보낸 후 비행기 타고 서울에 **왔다가** 다시 제주도로 가서 제주도 아파트에서 지낸 긴 여정이었네요!

지금 매튜 씨는 조지아주 애틀랜타 근처에 있는 스타벅스(Starbucks)에서 바리스타로 일하고 있어요. 매일 아침 5시에 일어나서 일하러 가요. 빨리 커피를 만들어야 하고 쉬는 시간이 짧아서 잘 쉬지 못해요. 특히 겨울에는 새로운 제품이 많이 나와서 손님이 많아요. 온종일 커피를 **만들다 보면** 너무 힘들어서 집에 파김치가 돼서 돌아와요. 많이 **힘들어도** 매튜 씨는 일주일에 한 번씩 한국 문화 센터에 한국어를 배우러 다니고 온라인으로 저하고 수업도 해요. 바리스타 일이 너무 힘들어서 무언가 새로운 일을 찾고 싶어 해요. 그래서 한국어를 열심히 배우면서 기회를 찾고 있어요. 힘든 일을 **해도** 한국어를 배우는 것이 매튜 씨에게는 힘이 돼요.

08 A/V-다(가) 보면

if the action or the state continues over time, the result will occur. In this context, 매튜 씨 keeps making coffee (repetition) and the result is 힘들다 over time. Make a note that in the case of using adjectives, the meaning should also be repetitive.

- 세상을 살**다 보면** 많은 일이 있어요.
- 제가 온라인에서 한국어를 가르치**다 보면** 다양한 학생을 만나는데요.

09 A/V-도 even if

예
- 오늘도 리아 씨는 어머니 잔소리를 들**어도** 꼭 결혼해야 한다고는 생각 안 해요.
- "한국어를 잘하지 못**해도** 조금만 할 수 있으면 취업할 수 있었어요. 제가 너무 운이 좋았어요."

매튜 씨는 한국에 갔다 온 후에 한국어와 한국 문화를 사랑하**게 됐어요**. 1년 동안 한국에서의 경험은 매튜 씨에게 많은 영향을 줬어요. 5년 동안 배우**던** 중국어를 그만두고 한국어를 배우기 시작했고 사랑**했던** 여자가 사는 곳이고 따뜻한 정이 있는 곳이라서 한국을 더 좋아하**게 됐어요.** 그래서 기회가 있으면 한국으로 가거나 한국과 관련된 일을 하고 싶어 해요. 생각해 보면 20대에는 누구나 미래에 대한 고민이 있**었던** 것 같아요. 20대인 매튜 씨에게 한국어는 희망이네요! 매튜 씨, 힘내세요!!! 좋은 일이 있을 거예요.

10 A/V-았/었던 N 았/었(the meaning of completion)+던(recalling)

This expression is used when you want to recall a past event or state that has already been completed in the past and is no longer being completed. It emphasizes a changed action or state between present and past.

예
- 대장금은 한국에서 오래전에 아주 인기 있**었던** 드라마예요.
- 케이티 씨는 온라인으로 한국어를 같이 공부**했던** 사람들과 자주 연락하면서 재미있는 드라마나 예능에 대해서 이야기도 해요.

핵심 문장 구조

1 대학교 때는 정치학을 전공했**는데** 외국어를 하나 해야 **해서** 중국어를 선택**해서** 공부했어요.

⊙ **…는데 …아/어서(because) …아/어서(and then) …**

대학교 때는 정치학을 전공하다	**는데**	외국어를 하나 해야 되다	**아/어서**	중국어를 선택하다	**아/어서**	공부했다

(S)OV는데 [(S)OV아/어서(because) (S)OV아/어서(and then) V]

1) 길에서 우연히 친구를 만났다/점심을 먹어야 되다/우리집에서 음식을 만들다/먹었다
2) 사라 씨는 요리를 잘하다/오늘 치킨 라이스를 해야 하다/중국 마켓에 가다/장을 봤다

2 식구들이 **너무** 친절하고 매튜 씨에게 잘**해줘서** 매튜 씨는 한국 생활을 잊어버리지 **못해요.**

⊙ **너무 …아/어서 … 못하다**

식구들이 너무 친절하고 잘해주다	**아/어서**	매튜 씨는 한국 생활을 잊어 버리지 못한다

SV고(and) V아/어서(because) SOV

This sentence structure is SV too…to… in English.

1) 이 아가씨가 너무 똑똑하고 예쁘다/매튜 씨는 감히 사랑한다고 이야기할 수 없었다
2) 방이 너무 더럽고 냄새가 나다/유진 씨는 청소를 할 수 없었다

3 매튜 씨는 하나님을 믿기 **때문에** 교회에 나가**기도 하고** 여자친구 **때문에** 불교 동아리에 나가**기도 하**네요.

⊙ …(기) 때문에 …기도 하고 …때문에 …기도 하다

매튜 씨는 하나님을 믿다	**기 때문에**	교회에 나가기도 하고	여자 친구	**때문에**	불교 동아리에 나가기도 하다

SOV기 때문에 (S)V기도 하고 N 때문에 (S)V기도 하다

1) 남자 친구가 술을 좋아하다/싫다/착하다/좋다
2) 음악을 좋아하다/유튜브로 노래를 듣다/드라마를 좋아하다/넷플릭스를 보다

4 온종일 커피를 만들**다 보면** 너무 힘들**기 때문에** 파김치가 **돼서** 집에 돌아와요.

⊙ …다 보면 …기 때문에 …아/어서(and then) …

온종일 커피를 만들다	**다 보면**	너무 힘들다	**기 때문에**	파김치가 되다	**아/어서**	집에 돌아오다

(S)OV다보면 (S)V때문에(because) (S)V아/어서(and then) V

1) 노래 연습하다/목이 아프다/약국에서 약을 사다/집에 오다
2) 계란후라이를 하다/계란이 타다/기름을 더 넣다/하다

핵심 문장 구조 연습

1 …는데 …아/어서(because) …아/어서(and then) …

친구 생일/선물해야 하다/은행에 가다/돈을 찾았다

친구 생일 ______________________________.

2 너무 …아/어서 …못하다

물가가 너무 비싸다/장을 보지 못하다

물가가 ______________________________.

3 …(기) 때문에 …기도 하고 …때문에 …기도 하다

겨울에는 눈이오다/집에서 운동하다/봄에는 따뜻하다/밖에서 운동하다

겨울에는 ______________________________.

4 …다 보면 …기 때문에(because) …아/어서(and then) …

수업을 듣다/피곤하다/스타벅스에 가다/커피를 마시다

수업을 ______________________________.

토론하기(쓰기)

여러분은 한국의 정이라는 문화를 경험해 보셨나요? 혹은 한국 드라마를 보면서 한국 사람들이 나누는 정을 본 적이 있나요?

한국 문화

- **식구**: This word means family, but it has a special meaning in Korean culture. The literary meaning of식구 is the mouth of people eating a meal. In Korean culture, family means people eating together at the same house. Koreans think that family cultivates love by eating meals together.

- **정**: attachment, affection, caring
The warm and intimate feeling of attachment felt between people or between a person and an object as time passes. It is also embedded into Korean collectivism culture and language. It is said that it's difficult to define this notion in English because 정 is a unique cultural concept of Korean people. It looks very similar to love(사랑), but it is more likely to be a particular feeling of affection and caring about someone after spending a lot of time together.

- **삼겹살(구이)**: pork belly BBQ, a very popular Korean cuisine
Koreans enjoy grilling thinly- sliced pork belly at the table. The meat is not marinated and is grilled with various vegetables. Korean like to drink alcohol, especially 소주 with 삼겹살 BBQ

• **이태원**: a special tourist zone in Seoul, South Korea
It is a multicultural place with a multicultural atmosphere where the American military personnel, tourists, and foreigners working in South Korea congregate. It is well known for international restaurants, its vibrant nightlife, and a famous festival in October. The street is crowded with many shops along the street selling clothes and accessories with unique designs and leather products.

• **파김치**: a kind of Kimchi made with green onion
파김치가 되다 (idiom) means to be very exhausted, be worn out. Green onion is stiff before making it into Kimchi, but after making Kimchi with it, it becomes limp. It looks like an exhausted, worn-out person.

오~ 나의 사랑, 한국 문화

생각해 보기

여러분이 아는 한국 문화 중에서 특별히 해보고 싶은 것은 뭐예요? 다음과 같이 말해 보세요.

한국 문화 중에서 ______________________ 보고 싶어요.

그리고 이유를 말해 보세요.

- (기) 위해서, 는지, 거든요, ㄴ 적이 있다, ㄹ까봐
- K– food, K– Karaoke(노래방)

읽기

제가 온라인에서 한국어를 가르치다 보면 **다양한** 학생을 만나는데요. 요즘에 **취미**로 한국어를 배우는 학생이 많아지고 있어요. 여러분은 취미로 외국어를 배우세요? 사실 많은 사람이 **취업**을 위해서나 좋은 **점수**를 받기 위해서 외국어를 배우지만 삶을 **즐기기** 위해서 언어를 배우지는 않는 것 같아요. 그런데 제가 가르치는 몇몇 학생은 인생을 즐기기 위해서 한국어를 배워요. 이런 사람들은 아주 *여유로운 마음으로 즐기면서 배워요. 하하하. 아주 다르지요? 저도 취미 생활로 외국어를 배웠으면 제 삶이 많이 달라졌을 것 같아요. 오늘은 취미 생활로 한국어를 배우는 케이티 씨 이야기를 해 볼게요.

케이티 씨는 콜로라도 덴버에 살아요. **원래 고향**은 테네시예요. 부모님과 형제들은 다른 *주에서 사는데 케이티 씨는 일 때문에 덴버에서 살아요. 컴퓨터와 관련된 일을 하고 있어요. 고양이 한 마리랑 **공기** 좋은 곳에서 살아요. 덴버는 가을과 봄이 아주 짧아요. **작년**에는 7월에도 눈이 왔어요. 케이티 씨는 한국에 대한 *호기심이 아주 많아서 한국에 가고 싶어해요. 한국 드라마와 '슈퍼맨이 돌아왔다'같은 한국 예능을 매우 좋아하기 때문에 회사에 갔다 와서 보는 게 큰 즐거움이에요.

케이티 씨를 처음 만났을 때 **이미** 다른 선생님께 한국어를 배웠지만 한글을 잘 읽지 못했어요. 저랑 공부할 때도 한국어를 잘하지 못해요. 케이티 씨에게는 한국어가 매우 어려운 것 같아요. 그런데 놀랍게도 케이티 씨는 한국어를 배울 때 *소리 하나하나에 관심을 가지면서 배워요. 저와 공부하면서 마

다양하다 to be various **취미** hobby **취업** job, employment, **취업하다(v.)** to get a job, to be employed **점수** score, point **즐기다** enjoy **원래** originally **고향** hometown **공기** air **작년** last year **이미** already

음에 드는 소리가 있으면 "I like it."이라고 여러 번 말해요. 케이티 씨가 좋아하는 말 중의 하나가 "안녕하세요?"예요. 왜냐하면 '녕'의 이응 소리가 마음에 들기 때문이에요. 항상 수업 시간에 **질문**이 많고 한국어를 사랑하는 마음으로 배워요. 케이티 씨 때문에 저는 한국어에 대해서 다시 한번 생각해 보게 됐어요. 한국어가 *모국어이기 때문에 한 번도 한국어에 대해서 생각해 본 적이 없었거든요.

케이티 씨는 한국어뿐만 아니라 한국 음식에도 아주 관심이 많아요. 케이티 씨는 떡볶이와 파전을 먹어 본 적이 있는데 아주 좋아해요. 한국 드라마에서 막걸리와 소주를 많이 봤기 때문에 저에게 막걸리와 소주에 대해서 물어봤어요. 어느 날 케이티 씨는 한국 음식점에서 막걸리와 소주와 파전을 사서 집에서 먹었어요. 케이티 씨는 "선생님, *대박이에요!"라고 말하면서 엄지척을 했어요. "소주는 어때요?"라고 제가 물었어요. "너무 *독해요. **생각보다 별로예요**. 막걸리와 파전이 아주 잘 어울려요." 케이티 씨는 조금씩 막걸리를 마시다 보니 한 병을 **금방** 다 마셨어요. 계속 막걸리를 사 먹고 싶었지만 한 병에 10달러가 *넘었어요. 음식점에서 샀거든요. **자주** 먹기에는 좀 비싼 **가격**이었어요.

저는 케이티 씨가 돈을 많이 **쓸까봐** H마트를 추천해 줬어요. 막걸리를 **훨씬** 싸게 살 수 있거든요. 케이티 씨는 제 말을 듣자마자 주변에 H마트가 어디에 있는지 찾아봤어요. 다행히 하나가 있었어요. 케이티 씨는 H마트에 가서 한국인 *직원한테 떡볶이를 어떻게 만드는지 물어보고 고추장하고 떡볶이 떡을 사 왔어요. 물론 막걸리도 몇 병 샀고요. 그런데 남자 직원이 잘못 **알려줘**

질문 question **생각보다 별로예요** It's not as good as I expected **금방** soon, shortly
자주 often **가격** price **(돈을) 쓰다** spend money **훨씬** much, even **알리다** to inform

서 고추장 대신에 초고추장을 사왔어요. 하하하. 초고추장은 **신맛**이 있어서 떡볶이를 만드는 데 사용하지 않아요. 케이티 씨는 **성격**이 **사교적**이라 금방 한국 직원들과 친해졌어요. 같이 이야기하면서 몇몇 한국 음식들을 알게 됐어요. 그 이후로 우동, 전, 김, 도시락, 김밥 등 많은 것을 H마트에서 사서 먹어요. 한국 사람처럼 밥과 김을 좋아해요. 케이티 씨가 밥에 김을 넣어서 **비벼** 먹는 것을 보고 있으면 너무 **웃겨요**.

케이티 씨의 한국에 대한 호기심은 음식으로 **끝나지** 않았어요. 한국 드라마에서 노래방을 본 적이 있는데 저한테 노래방에 대해서 물어봤어요. 설명을 듣고 그 다음 주에 혼자 노래방에 갔어요. 사실 코로나 때문에 아무도 노래방에 안 가던 때였어요. 노래방에서 노래 부르는 사진을 저에게 보여줬는데 저는 사진 속의 사람이 누구인지 몰랐어요. 마치 *귀신 같았어요. 케이티 씨가 코로나에 걸릴까 봐 무서워서 얼굴을 숄(shawl)로 *감싸고 *헐렁한 옷을 입고 있었거든요. 하하하. 그렇게 하고 노래하는 모습이 정말 **인상적**이었어요.

케이티 씨의 또 하나 즐거움은 한국 문화를 좋아하는 사람들과 만나는 거예요. 제 학생 중에 메리라는 학생이 있는데 덴버에 살아요. 이 두 사람은 제 소개로 만나게 됐는데 가끔 한국 음식점에서 만나서 맛있는 음식을 먹으면서 한국 문화에 대해서 이야기해요. 둘이 안 **맞을까봐** 걱정했는데 둘 다 한국 문화를 좋아해서 금방 친구가 됐어요. 케이티 씨는 메리 씨한테서 한국 음식과 덴버에 있는 한국 음식점에 대한 *정보를 많이 *얻었어요. 메리 씨 *이외에도 온라인으로 한국어를 같이 공부했던 사람들과 자주 **연락하면서** 재미있는 드라마나 예능에 대해서 이야기도 해요.

신맛 sour taste **성격** personality **사교적** the act of being sociable **비비다** to mix (=섞다) **웃기다** to be funny **끝나다** to finish **인상적** being impressive **맞다** to be compatible, to be correct, to fit **연락하다** to contact

케이티 씨는 한국어와 한국 문화를 좋아하고 한국 문화를 좋아하는 사람들과 친하게 지내면서 살아요. 꼭 무언가를 잘하려고 열심히 노력하는 건 아닌데 작은 것에 즐거움을 느끼면서 살고 마음의 문을 활짝 열어요. 나이가 들면서 새로운 것에 도전하는 케이티 씨가 정말 멋져 보이네요. 케이티 씨, 우리 나중에 막걸리 **한잔해요**. 그리고 한국을 계속 사랑해 주세요.

한잔하다 to have a cup of tea or a drink lightly

읽은 내용 확인하기

1 케이티 씨는 한국어를 왜 배우나요?

① 한국에 가기 위해서

② K-pop을 너무 좋아해서

③ 취미 생활

④ 외로워서

2 일상 생활에서 케이티 씨의 큰 즐거움은 뭐예요?

① 한국 드라마와 예능을 보는 것

② 덴버의 좋은 공기를 마시면서 산책하는 것

③ 일하는 것

④ 한국사람들을 만나는 것

3 케이티 씨는 수업시간에 한국말을 배울 때 어떻게 해요?

4 한국어 선생님은 왜 한국어에 대해서 생각해 본 적이 없나요?

5 처음에 케이티 씨는 H마트에 왜 갔나요?

① 호기심으로

② 친구가 같이 가자고 해서

③ 막걸리를 사러

④ 한국 음식을 먹으러

6 한국어 선생님은 사진 속에서 노래 부르고 있는 사람이 왜 케이티 씨인지 몰랐어요?

표현 익히기

제가 온라인에서 한국어를 가르치다 보면 다양한 학생을 **만나는데요**. 요즘에 취미로 한국어를 배우는 학생이 많아지고 있어요. 여러분은 취미로 외국어를 배우세요? 사실 많은 사람이 취업을 **위해서**나 좋은 점수를 받**기 위해서** 외국어를 배우지만 삶을 즐기**기 위해서** 언어를 배우지는 않는 것 같아요. 그런데 제가 가르치는 몇몇 학생은 인생을 즐기**기 위해서** 한국어를 배워요. 이런 사람들은 아주 여유로운 마음으로 즐기면서 배워요. 하하하. 아주 다르지요? 저도 취미 생활로 외국어를 배웠으면 제 삶이 많이 달라졌을 것 같아요. 오늘은 취미 생활로 한국어를 배우는 케이티 씨 이야기를 **해 볼게요**.

01 A/V-(으)ㄴ/는데요

This expression provides the background setting for natural conversation as a sentence ending.

예
- 제가 한국어를 배우려고 **하는데요**. 어떻게 하면 될까요?
- 제가 이 동네 맛집을 **아는데요**. 같이 먹으러 갈래요?

02 N-을/를 위해(서) V-기 위해(서)

"for the sake of" or "in order to" (4-4)

예
- 제주도에 가**기 위해서** 메간 씨는 한국어를 제일 먼저 준비했어요.
- 에밀리는 꿈을 이루**기 위해서** 열심히 노력하고 있어요.

03 V-(으)ㄹ게요 I will…

This expression is used when the speaker wants to express his or her willingness, intention or promise to do something for the listener's sake. Similar to the future tense in English (I will…)

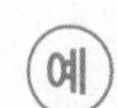

- 유진 씨 생일인데 제가 음식을 준비**할게요.**
- 결혼하면 더 많이 사랑**할게요.**

케이티 씨는 콜로라도 덴버에 살아요. 원래 고향은 테네시예요. 부모님과 형제들은 다른 주에서 사는데 케이티 씨는 일 때문에 덴버에서 살아요. 컴퓨터와 관련된 일을 하고 있어요. 고양이 한 마리랑 공기 좋은 곳에서 살아요. 덴버는 가을과 봄이 아주 짧아요. 작년에는 7월에도 눈이 왔어요. 케이티 씨는 한국에 대한 호기심이 아주 많아서 한국에 가고 싶어해요. 한국 드라마와 '슈퍼맨이 돌아왔다'같은 한국 예능을 매우 좋아하기 때문에 회사에 갔다 와서 보는 게 큰 즐거움이에요.

케이티 씨를 처음 만났을 때 이미 다른 선생님께 한국어를 배웠지만 한글을 잘 읽지 못했어요. 저랑 공부할 때도 한국어를 잘하지 못해요. 케이티 씨에게는 한국어가 매우 어려운 것 같아요. 그런데 놀랍게도 케이티 씨는 한국어를 배울 때 소리 하나하나에 관심을 가지면서 배워요. 저와 공부하면서 마음에 드는 소리가 있으면 "I like it."이라고 여러 번 말해요. 케이티 씨가 좋아하는 말 중의 하나가 "안녕하세요?"예요. 왜냐하면 '녕'의 이응 소리가 마음에 들기 때문이에요. 항상 수업 시간에 질문이 많고 한국어를 사랑하는 마음으로 배워요. 케이티 씨 때문에 저는 한국어에 대해서 다시 한번 생각해 보게 됐어요. 한국어가 모국어이기 때문에 한 번도 한국어에 대해서 생각해 **본 적이 없었거든요.**

04 V(으)ㄴ 적이 있다/없다

This expression is used to indicate a particular experience in the past. It is commonly combined with 아/어보다 (to try to).

예
- 제 학생들은 떡볶이, 비빔밥, 불고기, 갈비, 잡채, 김치, 김밥, 파전, 호떡 등을 먹어 **본 적이 있어요**.
- 한국 식당에서 김치찌개를 먹어 **본 적이 있는**데 에밀리가 가장 좋아하는 한국 음식이에요.

05 A/V-거든요 It's because…

예
- 한글을 배우고 나서 한국어로 학생들 이름을 읽을 수 있게 됐어요. 배우기 전에는 영어로 학생들의 한국어 이름을 읽었**거든요**.
- 한국어는 인기가 없어서 선택하기도 쉬웠어요. 인기가 많은 외국어는 성적이 좋아야 들어갈 수 있었**거든요**.

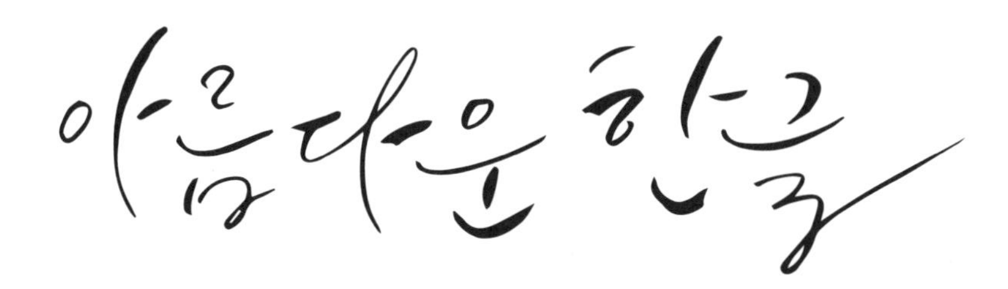

케이티 씨는 한국어뿐만 아니라 한국 음식에도 아주 관심이 많아요. 케이티 씨는 떡볶이와 파전을 먹어 **본 적이 있**는데 아주 좋아해요. 한국 드라마에서 막걸리와 소주를 많이 봤기 때문에 저에게 막걸리와 소주에 대해서 물어봤어요. 어느 날 케이티 씨는 한국 음식점에서 막걸리와 소주와 파전을 사서 집에서 먹었어요. 케이티 씨는 "선생님, 대박이에요!"라고 말하면서 엄지척을 했어요. "소주는 어때요?"라고 제가 물었어요. "너무 독해요. 생각보다 별로예요. 막걸리와 파전이 아주 잘 어울려요." 케이티 씨는 조금씩 막걸리를 마시다 보니 한 병을 금방 다 마셨어요. 계속 막걸리를 사 먹고 싶었지만 한 병에 10달러가 넘었어요. 음식점에서 샀**거든요**. 자주 먹기에는 좀 비싼 가격이었어요.

06 N-뿐(만) 아니라…도 not only…but also

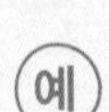

- 이름 **뿐만이 아니라** 찐이 씨는 한국에서 다른 일**도** 하면서 살고 있어요.
- 사라 씨는 싱가포르 음식**뿐만 아니라** 한국 요리**도** 아주 잘해요.

저는 케이티 씨가 돈을 많이 **쓸까봐** H마트를 추천해 줬어요. 막걸리를 훨씬 싸게 살 수 있**거든요**. 케이티 씨는 제 말을 듣자마자 주변에 H마트가 어디에 있는지 찾아봤어요. 다행히 하나가 있었어요. 케이티 씨는 H마트에 가서 한국인 직원한테 떡볶이를 어떻게 만드**는지** 물어보고 고추장하고 떡볶이 떡을 사 왔어요. 물론 막걸리도 몇 병 샀고요. 그런데 남자 직원이 잘못 알려**줘서** 고추장 대신에 초고추장을 사왔어요. 하하하. 초고추장은 신맛이 있어서 떡볶이를 만드는 데 사용하지 않아요. 케이티 씨는 성격이 사교적이라 금방 한국 직원들과 친해졌어요. 같이 이야기하면서 몇몇 한국 음식들을 알게 됐어요. 그 이후로 우동, 전, 김, 도시락, 김밥 등 많은 것을 H마트에서 사서 먹어요. 한국 사람처럼 밥과 김을 좋아해요. 케이티 씨가 밥에 김을 넣어서 비벼 먹는 것을 보고 있으면 너무 웃겨요.

07 V-자 마자 as soon as possible

- 한국 사람이면 대장금이라는 말을 듣**자마자** 무슨 말인지 알 거예요.
- 도착하**자 마자** 전화해.

08 A/V-(으)ㄴ/는지 N-인지

This expression marks as an indirect question.

H마트가 어디에 있어요? (a direct question)+찾아 봤어요. To connect these two sentences, -는지 is added to the stem of 있다.

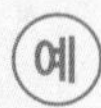

- 이 용감한 메간 씨가 어떻게 준비해서 제주도까지 **가는지** 우리 한 번 이야기를 들어 봐요.
- 한국 사람이면 대장금이라는 말을 듣자마자 무슨 말**인지** 알 거예요.

케이티 씨의 한국에 대한 호기심은 음식으로 끝나지 않았어요. 한국 드라마에서 노래방을 **본 적이 있**는데 저한테 노래방에 대해서 물어봤어요. 설명을 듣고 그 다음 주에 혼자 노래방에 갔어요. 사실 코로나 때문에 아무도 노래방에 안 가던 때였어요. 노래방에서 노래 부르는 사진을 저에게 보여줬는데 저는 사진 속의 사람이 누구**인지** 몰랐어요. 마치 귀신 같았어요. 케이티 씨가 코로나에 **걸릴까 봐** 무서워서 얼굴을 숄로 감싸고 헐렁한 옷을 입고 있었**거든요**. 하하하. 그렇게 하고 노래하는 모습이 정말 인상적이었어요.

09 A/V-(으)ㄹ까 봐 be afraid that …

This expression is used to express worry or concern that something might happen. It often goes with the following expressions, 걱정하다/걱정되다/걱정이다.

- 저는 메간 씨가 격리 기간 동안에 밖에 못 나가기 때문에 배가 고**플까 봐** 걱정이 됐어요.(I was afraid that Megan would be hungry.)
- 에밀리가 슬퍼**할까 봐** 걱정도 됐어요.

케이티 씨의 또 하나 즐거움은 한국 문화를 좋아하는 사람들과 만나는 거예요. 제 학생 중에 메리라는 학생이 있는데 덴버에 살아요. 이 두 사람은 제 소개로 만나게 됐는데 가끔 한국 음식점에서 만나서 맛있는 음식을 먹으면서 한국 문화에 대해서 이야기해요. 둘이 안 맞**을까봐** 걱정했는데 둘 다 한국 문화를 좋아해서 금방 친구가 됐어요. 케이티 씨는 메리 씨한테서 한국 음식과 덴버에 있는 한국 음식점에 대한 정보를 많이 얻었어요. 메리 씨 이외에도 온라인으로 한국어를 같이 공부했던 사람들과 자주 연락하면서 재미있는 드라마나 예능에 대해서 이야기하곤 해요.

케이티 씨는 한국어와 한국 문화를 좋아하고 한국 문화를 좋아하는 사람들과 친하게 지내면서 살아요. 꼭 무언가를 잘하려고 열심히 노력하는 건 아닌데 작은 것에 즐거움을 느끼면서 살고 마음의 문을 활짝 열어요. 나이가 들면서 새로운 것에 도전하는 케이티 씨가 정말 멋져 보이네요. 케이티 씨, 우리 나중에 막걸리 한잔해요. 그리고 한국을 계속 사랑해 주세요.

10 아/어 보이다

Something/someone appears..., looks...
보이다 is the passive form of 보다, to be seen

예
- 요즘 피곤**해 보이는데** 좀 쉬세요.
- 메간 씨가 줌(zoom)으로 보여준 아파트는 깨끗하**게 보였어요**.

핵심 문장 구조

1 한국 드라마와 '슈퍼맨이 돌아왔다'같은 한국 예능을 매우 좋아하**기 때문에** 회사에 갔다 와서 보는 **게** 큰 즐거움이에요.

⊙ …기 때문에 …것이(게) …

한국 드라마와 '슈퍼맨이 돌아왔다' 같은 한국 예능을 매우 좋아하다	**기 때문에**	회사에 갔다와서 보는 게 큰 즐거움이다

(S)OV기 때문에 S(V아/어서) V

1) 제주도에 대해서 많이 들었다/제주도를 여행하다/소원이다
2) 제 취미는 춤추기이다/학교에 갔다와서 춤을 추다/좋다

2 케이티 씨는 제 말을 듣**자마자** 주변에 H마트가 어디에 있**는지** 찾아봤어요.

⊙ …자마자 …는지 …

케이티 씨는 제말을 듣다	**자마자**	주변에 H마트가 어디에 있는지 찾아 봤다

SOV자마자 (S)OV

1) 공항에 도착하다/몇시에 비행기가 출발하다/확인했다
2) 음악을 듣다/누가 이 노래를 부르다/찾아 봤다

3 케이티 씨가 코로나에 걸릴까 봐 무서워서 얼굴을 숄로 감싸고 헐렁한 옷을 입고 있었거든요.

⊙ …ㄹ까봐 …아/어서(because) …거든요

케이티 씨가 코로나에 걸릴까봐 무섭다	**아/어서**	얼굴을 숄로 감싸고 헐렁한 옷을 입고 있었거든요

SV까봐 V아/어서(because) SOV and OV

1) 시험을 못 치다/걱정이 되다/열심히 공부했거든요
2) 잠이 안 오다/걱정이 되다/커피를 못 마시고 있었거든요

4 이 두 사람은 제 소개로 만나게 됐는데 가끔 한국 음식점에서 만나서 맛있는 음식을 먹으면서 한국 문화에 대해서 이야기해요.

⊙ …는데 …면서 …

이 두 사람은 제 소개로 만나게 되었다	**는데**	가끔 음식점에서 만나서 맛있는 음식을 먹다	**(으)면서**	한국 문화에 대해서 이야기 하다

SV는데 (S)V아/어서(and then) OV면서(while) (S)V

1) 매튜 씨는 조지아주에 살다/스타벅스에서 일하다/새로운 일을 찾고 있다
2) 리아 씨는 대만에 사는 사람이다/회사를 다니다/한국어와 영어를 공부하다

핵심 문장 구조 연습

1 …기 때문에 …것이(게) …

케이팝을 좋아하다/친구들과 같이 케이팝을 듣고 춤을 추다/즐거움이다

케이팝을 ______________________________.

2 …자마자 …는지 …

그 드라마를 보다/누가 OST를 부르다/찾아 봤다

그 드라마를 ______________________________.

3 …ㄹ까봐 …아/어서(because) …거든요

이번 학기에 성적이 나쁘다/걱정되다/열심히 공부하고 아르바이트도 안 하거든요

이번 학기에 ____________________.

4 …는데 …면서 …

우리동네에 카페가 있다/가끔 가서 커피 마시다/컴퓨터 하다

우리 동네에 ____________________.

토론하기(쓰기)

한국어나 한국 문화를 배우면서 느꼈던 점에 대해서 말해 보세요. 그리고 여러분의 문화와 비슷한 점과 다른 점에 대해서 말해 보세요.

- **슈퍼맨이 돌아왔다**: a South Korean reality show
  The show has celebrity fathers take care of their children for 48 hours without the help of their partners. It is a hidden camera reality show shot in this way in an effort to hide from the children in order to capture a more authentic experience; cameras are typically hidden in the celebrities' houses, in playhouses, in tents, etc.

- **한글**: the Korean alphabet created by King Sejong

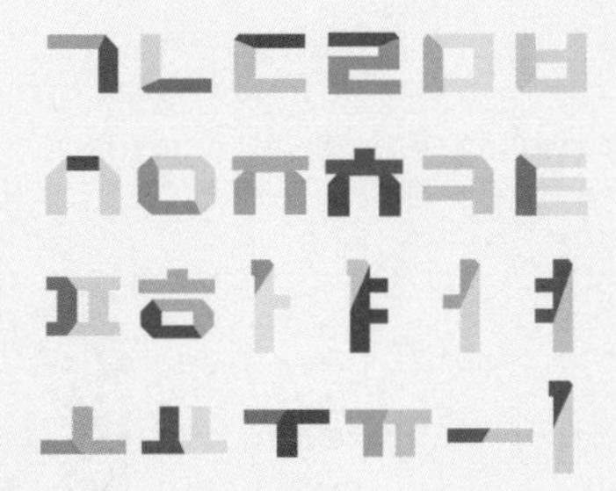

- **파전**: scallion pancakes
  They are made of a mix of scallions, various types of seafood (shrimp, fish, etc.), flour, and eggs. It is sometimes called the Korean version of pizza. Koreans enjoy eating it with 막걸리.

- **막걸리**: a traditional Korean rice wine made from rice, water, and a fermentation starter called Nuruk

- **초고추장**: a sour and sweet tasting red pepper paste mixed with vinegar and sugar

- **우동**: 우동 is a thick noodle made from wheat flour used in Japanese cuisine (Udon). It is served with hot soup with various toppings.

- **전**: a kind of fritter or pancake in Korean cuisine made with various ingredients like meat, fish, or vegetables which are coated with flour and egg and fried in oil

- **김**: roasted seaweed seasoned with various oils and salt (seaweed snack)

- **도시락**: a packed lunch with rice, main dish, and side dishes

- **김밥**: Korean-style sushi
  When Koreans go on a picnic, they like to make 김밥 because it is convenient to eat. Nowadays 김밥 is an inexpensive and convenient food Koreans enjoy in their daily life. Americans could compare 김밥 to sushi rolls that are typically found in Japanese restaurants in the states. However, 김밥 is unique in that Koreans use different seasonings and ingredients such as sesame seed oil, cooked vegetables, and beef.

- **노래방**: a Korean style Karaoke, a popular type of entertainment in Korea
  Koreans like to sing songs with their friends, coworkers, and other acquaintances in private rooms containing machines that play instrumental accompaniments and display lyrics.

내 인생의 전환점, 한국어

생각해 보기

여러분에게는 어떤 인생의 전환점이 있었나요?

- 아/어야 하다(되다), 고 나서, 다 보니, 라고/다고 생각하다, 나 봐요
- K–performing arts, K–wedding, K–meal style

읽기

인생을 살면서 **누구에게나** 인생의 *전환점이 몇 번 있어요. 인생의 전환점은 **우연히** 오기도 하고 자신의 *선택으로 오기도 하는 것 같아요. 여러분은 인생의 전환점에서 어떤 선택을 했나요? 제 학생 중에 리아라는 대만 학생이 있는데 대학교 때 한국어를 선택해서 인생이 바뀐 사람이에요. 리아 씨는 *스스로를 **운 좋은** 사람이라고 생각해요. 지금은 아주 크고 좋은 *다국적 기업 N 회사에 다니고 있어요. 운 좋은 여자 리아 씨의 인생 전환점에 대한 이야기를 들어 보기로 해요.

리아 씨는 타이베이(Taipei)에 있는 한 대학에서 *경영학을 전공했어요. 리아 씨는 좋은 대학을 나오지 않았어요. 대학을 다닐 때 외국어가 *필수과목이라 한국어를 선택했어요. 그때가 2000년 *초반이라 한국어가 인기가 없었어요. **주변** 사람들이 모두 리아 씨를 이상하다고 생각했어요. 그런데 리아 씨는 "**그냥** 한국어를 하고 싶었어요."라고 말했어요. 한국어는 인기가 없어서 선택하기도 **쉬웠어요**. 대학교 3학년 때는 한국어를 배우러 서울에 있는 동국대학교에 교환학생으로 6개월 갔다 오기도 했어요. 한국어가 그냥 좋아서 열심히 한국어 공부를 했어요.

그런데 **뜻밖에도** 리아 씨가 대학을 **졸업했을** 때, 마침 대만에서는 *고속도로를 만들고 있어서 한국의 *대기업들이 대만으로 들어오게 됐어요. 참 *시기가 좋았네요! 대만에 들어온 한국 회사들은 한국어를 할 수 있는 대만 학생들을 **뽑았어요**. "한국어를 잘하지 못해도 조금만 할 수 있으면 취업할 수 있었

누구에게나 anyone **우연히** accidentally **운이 좋다** to be lucky **주변** around, surroundings, nearby **그냥** just, as it is **쉽다** to be easy **뜻밖에도** unexpectedly **졸업하다** to graduate **뽑다** to hire

어요. 제가 너무 운이 좋았어요." 리아 씨는 *화교가 하는 한국 회사에 취직할 수 있었어요. 리아 씨는 이 회사에서 일하면서 한국어를 많이 사용했기 때문에 한국어를 많이 배울 수 있었어요. 그 이후에 다른 회사로 *옮기고 나서 지금의 다국적 N 회사로 오게 됐어요. N 회사는 유럽에 *본사가 있고 **세계** 여러 나라에 *지사가 있는 큰 회사예요. 리아 씨는 정말 운이 좋은가봐요.

한국어가 인생의 큰 전환점인 건 사실이네요. 그런데 한국어의 영향은 여기서 끝나지 않았어요. 14년 동안 N 회사에서 일하고 있는 리아 씨에게 인생의 *위기가 왔어요. 최근에 회사가 *인수 합병을 하게 돼서 많은 사람이 회사를 떠나고 *업무 변화가 **생겼어요**. 리아 씨 마음도 **불안해졌어요**. 그런데 한국에 있는 N 지사랑 일할 때 한국말을 할 줄 아는 사람이 **필요했어요**. **당연히** 리아 씨가 그 일을 하게 됐어요. 다국적 기업이라 영어를 잘해야 하는데 영어를 잘 못 해서 항상 자신감이 없던 리아 씨는 한국어 때문에 또 한 번의 기회를 **잡은** 거죠.

회사에서 다행히 위기를 *넘겼지만 요즘 리아 씨는 집에서 부모님과의 *갈등이 점점 심해지고 있어요. 리아 씨는 나이가 많은데 아직 결혼을 안 했거든요. 리아 씨 어머니는 걱정을 많이 하세요. 빨리 결혼하라는 *잔소리 때문에 가끔 리아 씨는 어머니와 **싸우기도** 해요. 사실 오래된 갈등인데 어쩔 수 없는 *상황인가봐요. 리아 씨에게 *돌파구가 필요했어요. 그래서 오랫동안 쉬었던 한국어 배우기를 다시 시작했어요. 하하하. 요즘 리아 씨는 저랑 만나면서 한국어가 다시 재미있어졌다고 해요. 우리는 *일상적인 대화도 **나누고** 궁금한 것도 물어보면서 서로의 생각을 나누다 보니 마음을 나누게 됐어요.

세계 world **(변화가) 생기다** to change, to happen **불안하다** to be insecure **필요하다** to be needed, necessary **당연히** of course **잡다** to catch **싸우다** to fight, argue **나누다** to share

처음에 우리는 **문화적인 차이**에 대해서 많이 **토론했어요**. 리아 씨의 가장 친한 친구가 한국 남자랑 **결혼했는데** 문화적인 차이로 갈등이 많았어요. "선생님, 왜 한국 사람은 아침마다 밥을 먹어야 돼요?" 친구 남편이 아침마다 밥과 국을 먹어야 하는 사람이라서 리아 씨 친구는 매일 남편이랑 싸웠어요. 대만 여성들은 대부분 일을 해서 아침으로 빵이나 **면**을 사 먹고 **출근하거든요**. 리아 씨 친구는 아침에 집에서 밥을 먹어야 되는 남편을 이해할 수 없었어요. 또 친구가 결혼할 때 *약혼식 때문에 갈등이 컸어요. "한국에서는 약혼식을 하나요? 대만에서는 약혼식을 하고 나서 **결혼식**을 해요. 약혼식을 꼭 해야 돼요." 사실 한국에서는 약혼식을 많이 안 해요. 그런데 "그런 행동은 대만에서 여자의 *집안을 *무시하는 행동이에요." 리아 씨가 힘주어서 말했어요. 우리는 수업 시간에 *단순히 문화적인 차이에 대해서 이야기를 한 게 아니라 안타까운 리아 씨의 마음을 나눈 거예요. 서로의 다른 문화를 잘 알지 못하면 *오해와 갈등이 쉽게 생기나 봐요. 안타까워하는 리아 씨 마음이 잘 느껴졌어요.

문화적인 차이에 대해서 이야기하다 보니 자연스럽게 서로의 문화를 소개하게 됐어요. 저는 리아 씨 친구 약혼식 이야기를 하면서 리아 씨에게 대만 결혼 문화에 대해서 물어봤어요. 그 다음 시간에 리아 씨는 대만의 결혼 문화에 대해서 **발표했어요**. 결혼 이외에도 우리는 한국의 농악과 사물놀이와 대만의 전통 음악에 대해서 이야기했어요. 김덕수 사물놀이 *공연을 유튜브(Youtube)로 같이 봤는데 악기 소리가 커서 너무 신났어요. 사라져가는 농악을 멋지게 *살린 김덕수 씨, 감사해요! 리아 씨는 "대만의 결혼문화와 음악도 **서양 문화**가 들어오면서 많이 **사라졌지만** 다시 *살아나고 있어요."라고 말했

문화적인 차이 cultural difference **토론하다** to discuss **결혼하다** to get married **면** noodle **출근하다** go to work **결혼식** wedding ceremony **발표하다** to do presentation **서양 문화** Western culture **사라지다** to disappear

어요. 한국과 대만은 **비슷한** 점이 많나봐요. 사실 두 나라가 모두 멋진 전통이 많은데 그것을 다시 찾아야지요.

리아 씨는 대학교 때 다른 사람들이 전혀 관심이 없던 한국어를 선택했는데 인생에서 커다란 전환점이 됐어요. 한국어 덕분에 첫 **직장**을 잡게 되었고 지금의 다국적 기업에서 일하면서 한국어로 위기를 잘 넘겼어요. 일하다 보니 결혼 기회를 **놓쳤지만** 역시 한국어로 *위로를 받아요. 오늘도 리아 씨는 어머니 잔소리를 듣지만 꼭 결혼해야 한다고는 생각 안 해요. 하하하. 여러분은 어떻게 생각하세요? 아마도 리아 씨는 결혼보다 한국어를 더 잘해서 더 나은 일을 하려고 할 거예요. 또 다른 인생 전환점이 되겠죠?

비슷하다 to be similar 직장 workplace 놓치다 to miss

1 리아 씨는 대학교 때 왜 한국어를 선택했나요?

① 그냥 하고 싶어서
② 인기가 많은 외국어를 선택할 수 없어서
③ 사람들이 추천해서
④ 한국어가 인기가 많아서

2 리아 씨는 왜 스스로 운이 좋은 사람이라고 생각해요?

3 리아 씨 첫 직장의 특징은 무엇인가요?

① 다국적 회사
② 중국에 본사가 있는 회사
③ 한국어를 사용하는 회사
④ 월급이 많은 회사

4 리아 씨는 최근에 회사에서 위기가 있었는데 어떻게 위기를 넘겼나요?

5 리아 씨는 왜 어머니와 싸우기도 하나요?

① 회사일이 힘들어서
② 한국어를 공부해서
③ 성격이 달라서
④ 결혼하라는 어머니가 잔소리가 심해서

6 리아 씨 친구가 이해하지 못하는 한국 문화가 무엇인가요?

표현 익히기

인생을 살면서 누구에게나 인생의 전환점이 몇 번 있어요. 인생의 전환점은 우연히 오기도 하고 자신의 선택으로 오기도 하는 것 같아요. 여러분은 인생의 전환점에서 어떤 선택을 했나요? 제 학생 중에 **리아라는** 대만 학생이 있는데 대학교 때 한국어를 선택해서 인생이 바뀐 사람이에요. 리아 씨는 스스로를 운 좋은 **사람이라고 생각해요**. 지금은 아주 크고 좋은 다국적 기업 N 회사에 다니고 있어요. 운 좋은 여자 리아 씨의 인생 전환점에 대한 이야기를 들어 보기로 해요.

01 N (이)라는 N

When you introduce something or someone, this expression can be used.

- **'쌤'이라는** 말은 선생님이라는 말인데 요즘 한국 젊은 사람들이 말할 때 많이 사용해요.
- 매튜 씨는 한국 사람들의 정**이라는** 문화를 경험한 것 같아요.

02 A/V/N+ indirect quotation 생각하다 S+think that···

To make an indirect quotation with a noun, N (이) 라고 is used.

- 저는 이 음식이 한국 사람의 소울푸드(soul food)**라고 생각해요**.
- 한국 사람들은 가족이 많**다고 생각했어요**.(In the case of an adjective, 다고 is used)

리아 씨는 타이베이(Taipei)에 있는 한 대학에서 경영학을 전공했어요. 리아 씨는 좋은 대학을 나오지 않았어요. 대학을 다닐 때 외국어가 **필수과목이라** 한국어를 선택했어요. 그때가 2000년 초반이라 한국어가 인기가 없었어요. 주변 사람들이 모두 리아 씨를 이상하**다고 생각했어요.** 그런데 리아 씨는 "그냥 한국어를 하고 싶었어요."라고 말했어요. 한국어는 인기가 없어서 선택하기도 쉬웠어요. 대학교 3학년 때는 한국어를 배우러 서울에 있는 *동국대학교에 교환학생으로 6개월 갔다 **오기도 했어요**. 한국어가 그냥 좋아서 열심히 한국어 공부를 했어요.

03 N 이라(서) because

(=이어서) because 1-7

N-이라서 is a spoken form while N-이어서 is a written form.

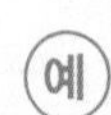

- 찐이 씨는 영어 선생님이라 수업시간에 영어로만 이야기해야 돼요.
- 사라 씨는 싱가폴 사람이라 하이난 치킨 라이스를 잘해요.

04 A/V-기도 하다

This expression is used to represent 1) the meaning of doing an action sometimes (4-8) or 2) to emphasize an action or state. This sentence uses the second context.

- 학교 때 공부 잘했어요. 그래서 졸업할 때 상을 타**기도 했어요.**
- 노래를 잘해서 티비에 한번 나가**기도 했어요.**

그런데 뜻밖에도 리아 씨가 대학을 졸업했을 때, 마침 대만에서는 고속도로를 만들고 있어서 한국의 대기업들이 대만으로 들어오게 됐어요. 참 시기가 좋았네요! 대만에 들어온 한국 회사들은 한국어를 할 수 있는 대만 학생들을 뽑았어요. "한국어를 잘하지 못해**도** 조금만 할 수 있으면 취업할 수 있었어요. 제가 너무 운이 좋았어요." 리아 씨는 화교가 하는 한국 회사에 취직할 수 있었어요. 리아 씨는 이 회사에서 일하면서 한국어를 많이 사용했기 때문에 한국어를 많이 배울 수 있었어요. 그 이후에 다른 회사로 옮기고 나서 지금의 다국적 N 회사로 오게 됐어요. N 회사는 유럽에 본사가 있고 세계 여러 나라에 지사가 있는 큰 회사예요. 리아 씨는 정말 운이 좋은가봐요.

05 V-고 (나서) after

고 나서 has the same meaning as 후에(after), but this expression emphasizes the finishing of one behavior followed by the beginning of a subsequential behavior. 나서 in 고 나서(after) can be omitted=(-고)

- 메간 씨는 한국으로 가기 전에 계획한 일을 하나씩 하나씩 하**고 나서** 비행기를 타고 태평양을 건넜어요.
- 마음에 슬픔이 있던 에밀리는 케이팝을 알**고 나서**부터 조금씩 바뀌고 있거든요.

06 A-(으)ㄴ가 봐요 V-나 봐요 it seems like

I guess, it seems like...The meaning is the same as...것 같아요(3-5), but the difference is as follows;

가봐요/나봐요: based on objective evidence like facts or information

것 같아요: based on the speaker's subjective experience and knowledge

In this context, 리아 씨 seems to be lucky based on her past working story (objective evidence).

- 정말 찐이 씨가 찐이라는 이름과 노래를 좋아하**나봐요**. 찐이 씨 likes her nickname and the song that is related to it because she and I enjoyed the song in class (objective evidence).
- 매튜 씨는 한국 사람들의 정이라는 문화를 경험**했나봐요**.

한국어가 인생의 큰 전환점인 건 사실이네요. 그런데 한국어의 영향은 여기서 끝나지 않았어요. 14년 동안 N 회사에서 일하고 있는 리아 씨에게 인생의 위기가 왔어요. 최근에 회사가 인수 합병을 하게 돼서 많은 사람이 회사를 떠나고 업무 변화가 생겼어요. 리아 씨 마음도 불안해졌어요. 그런데 한국에 있는 N 지사랑 일할 때 한국말을 할 줄 아는 사람이 필요했어요. 당연히 리아 씨가 그 일을 하게 됐어요. 다국적 기업이라 영어를 잘해야 하는데 영어를 잘 못 해서 항상 자신감이 없던 리아 씨는 한국어 때문에 또 한 번의 기회를 잡은 거죠.

07 V-ㄹ줄 알다 to know how to V

- 처음 만났을 때 매튜 씨는 한국어를 잘하는 편은 아니지만 뭔가 자연스럽게 **할 줄 알았어요**.
- 어렸을 때 배워서 자전거를 **탈 줄 알아요**.

회사에서 다행히 위기를 넘겼지만 요즘 리아 씨는 집에서 부모님과의 갈등이 점점 심해지고 있어요. 리아 씨는 나이가 많은데 아직 결혼을 안 했거든요. 리아 씨 어머니는 걱정을 많이 하세요. 빨리 결혼하라는 잔소리 때문에 가끔 리아 씨는 어머니와 싸우기도 해요. 사실 오래된 갈등인데 어쩔 수 없는 상황**인가봐요**. 리아 씨에게 돌파구가 필요했어요. 그래서 오랫동안 쉬었던 한국어 배우기를 다시 시작했어요. 하하하. 요즘 리아 씨는 저랑 만나면서 한국어가 다시 재미있어졌다고 해요. 우리는 일상적인 대화도 나누고 궁금한 것도 물어**보면서** 서로의 생각을 **나누다 보니** 마음을 나누게 됐어요.

08 V-다(가) 보니(까)

다가(in the middle of)+ 보다(see, reflect on)+니까 (because)
When the speaker learns something new in the middle of a continuous or frequent action without effort, this expression can be used.

- 서로 존중하고 사랑하면서 살**다 보니** 두 문화 속에서 자연스럽게 살게 되고 즐거워졌어요.
- 케이티 씨는 조금씩 막걸리를 마시**다 보니** 한병을 금새 다 마셨어요.

처음에 우리는 문화적인 차이에 대해서 많이 토론했어요. 리아 씨의 가장 친한 친구가 한국 남자랑 결혼했는데 문화적인 차이로 갈등이 많았어요. "선생님, 왜 한국 사람은 아침마다 밥을 **먹어야 돼요**?" 친구 남편이 아침마다 밥과 국을 먹**어야 하**는 사람이**라서** 리아 씨 친구는 매일 남편이랑 싸웠어요. 대만 여성들은 대부분 일을 해서 아침으로 빵이나 면을 사 먹고 출근하거든요. 리아 씨 친구는 아침에 집에서 밥을 먹**어야 되**는 남편을 이해할 수 없었어요. 또 친구가 결혼할 때 약혼식 때문에 갈등이 컸어요. "한국에서는 약혼식을 하나요? 대만에서는 약혼식을 하**고 나서** 결혼식을 해요. 약혼식을 꼭 **해야 돼요.**" 사실 한국에서는 약혼식을 많이 안 해요. 그런데 "그런 행동은 대만에서 여자의 집안을 무시하는 행동이에요." 리아 씨가 힘주어서 말했어요. 우리는 수업 시간에 단순히 문화적인 차이에 대해서 이야기를 한 게 아니라 안타까운 리아 씨의 마음을 나눈 거예요. 서로의 다른 문화를 잘 알지 못하면 오해와 갈등이 쉽게 생기**나 봐요**. 안타까워하는 리아 씨 마음이 잘 느껴졌어요.

09 V-아/어야 되다 have to

(=아/어야 하다)need to, have to, must

예
- 외국에서 한국으로 들어오는 사람들은 코비드 때문에 2주 동안 격리해**야 해요.**
- 빨리 커피를 만들**어야 하**고 쉬는 시간이 짧아서 잘 쉬지 못해요.

문화적인 차이에 대해서 이야기**하다 보니** 자연스럽게 서로의 문화를 소개하게 됐어요. 저는 리아 씨 친구 약혼식 이야기를 하면서 리아 씨에게 대만 결혼 문화에 대해서 물어봤어요. 그 다음 시간에 리아 씨는 대만의 결혼 문화에 대해서 발표했어요. 결혼 이외에도 우리는 한국의 농악과 사물놀이와 대만의 전통 음악에 대해서 이야기했어요. 김덕수 사물놀이 공연을 유튜브(Youtube)로 같이 봤는데 악기 소리가 커서 너무 신났어요. 사라져가는 농악을 멋지게 살린 김덕수 씨, 감사해요! 리아 씨는 "대만의 결혼문화와 음악도 서양 문화가 들어오면서 많이 사라졌지만 다시 살아나고 있어요."라고 말했어요. 한국과 대만은 비슷한 점이 많**나봐요**. 사실 두 나라가 모두 멋진 전통이 많은데 그것을 다시 찾아야지요.

리아 씨는 대학교 때 다른 사람들이 전혀 관심이 없던 한국어를 선택했는데 인생에서 커다란 전환점이 됐어요. 한국어 덕분에 첫 직장을 잡게 되었고 지금의 다국적 기업에서 일하면서 한국어로 위기를 잘 넘겼어요. 일하**다 보니** 결혼 기회를 놓쳤지만 역시 한국어로 위로를 받아요. 오늘도 리아 씨는 어머니 잔소리를 듣지만 꼭 결혼**해야 한다고**는 **생각 안 해요**. 하하하. 여러분은 어떻게 생각하세요? 아마도 리아 씨는 한국어를 지금보다 더 잘해서 더 나은 일을 하려고 할 거예요. 또 다른 인생 전환점이 되겠죠?

10 A/V-아/어야지요 I think S + has(have) to

아/어야 in this expression means an obligation. This expression has an obligation with a light tone based on subjective judgment compared to 아/어야 되다 (7-9). It has two meanings: 1)tell the listener that there is something that he or she should do → Give some advice to others and 2) make a promise with oneself. In this context, the meaning is 1)

- A: 카드를 잃어 버렸어요.
  B: 빨리 전화해서 정지**해야지요**.
- A: 계속 야근이라 많이 피곤하시겠어요.
  B: 내일부터는 일찍 들어가서 쉬**어야지요**.

핵심 문장 구조

1 한국어를 잘하지 못**해도** 조금만 할 수 있**으면** 취업할 수 있었어요.

⊙ …도 …면 …

한국어를 잘하지 못하다	**아/어도**	조금만 할 수 있다	**(으)면**	취직할 수 있었다

(S)OV도(even if) (S)(O)V면(if) (S)OV

1) 아이를 키우는 것이 힘들다/사랑이 있다/잘 할 수 있다
2) 문제가 어렵다/공부하다/풀 수 있다

2 리아 씨는 이 회사에서 일하**면서** 한국어를 많이 사용했**기 때문에** 한국어를 많이 배울 수 있었어요.

⊙ …면서 …때문에 …

리아 씨는 이 회사에서 일하다	**면서**	한국어를 많이 사용했다	**기 때문에**	한국어를 많이 배울 수 있었어요

[SV면서(while) OV기 때문에] (S)OV

1) 음악을 듣다/공부하다/집중이 잘되다
2) 대만 친구와 한국어를 공부하다/한국과 대만을 비교하다/한국어 공부가 재미있다

3 다국적 기업에서 영어를 잘 못 **해서** 항상 자신감이 없던 리아 씨는 한국어 때문에 또 한 번의 기회를 잡은 거죠.

⊙ …아/어서(because) …는(subject) …

다국적 기업에서 영어를 잘 못하다	**아/어서**	자신감이 없다	**던**	리아 씨는 한국어 때문에 또 한번의 기회를 잡다

[(S)OV아/어서 SV] SOV

This sentence has a basic structure, SOV, and [(S)OV 아/어서 SV] modifies the subject, 리아 씨.

---

1) 가르치는 것을 좋아하다/선생님이 되고 싶었다/찐이 씨는 드디어 한국에서 학생들을 가르치다
2) 일이 많다/야근을 했다/김과장님은 다음날 지각했다

4 우리는 일상적인 대화도 나누고 궁금한 것도 물어보**면서** 서로의 생각을 나누**다 보니** 마음을 나누게 됐어요.

⊙ …면서 …다(가) 보니 …

우리는 일장적인 대화도 나누고 궁금한 것도 물어보다	**면서**	서로의 생각을 나누다	**보니**	마음을 나누게 됐어요

SV면서(while) V보니 (S)OV

1) 같은 집에서 살다/같이 밥을 먹다/한 가족이 됐다
2) 제주도에 대해서 이야기하다/유튜브를 보다/제주도에 가고 싶어졌다

핵심 문장 구조 연습

1 …도 …면 …

남자친구랑 싸우다/친구들이랑 노래방에 가서 노래를 하다/기분이 좋아지다

남자친구랑 ______________________________.

2 …면서 …때문에 …

한국 드라마를 보다/한국어를 듣다/한국어 배우기가 쉽다

한국 ______________________________.

3 …아/어서(because) …는(subject) …

공부를 많이 못하다/스트레스를 받던 리아 씨/시험에 떨어졌다

공부를 ______________________________.

4 …면서 …보니 …

서로 존중하고 사랑하다/살다/두 문화 속에서 자연스럽게 살게 되고 즐거워졌다

서로 존중하고 ______________________________.

토론하기(쓰기)

리아 씨의 한국어 선택은 리아씨에게 많은 영향을 미쳤는데요. 여러분의 인생 전환점은 여러분에게 어떤 영향을 미쳤나요?

한국 문화

- 동국 대학교: one of the Korean universities in Seoul

- "선생님, 왜 한국 사람은 아침마다 밥을 먹어야 해요?": It is common for Koreans to eat rice, soup, and side dishes as breakfast.

- 농악: Korean performing arts including community band, music, and rituals
농 means agriculture and 악 means music. Because Korea was an agricultural society a long time ago, Koreans played 농악 during harvest time and planting time to bring them together in harmony.

- (김덕수) 사물놀이: Korean percussion ensemble
사물 means four objects and 놀이 means play. It is performed with four traditional Korean musical instruments (꽹과리, 징, 장구, 북). 사물놀이 stems from 농악. A master drummer, 김덕수 transformed it into the form of music that was performed on stage in the 1970s. Nowadays it is often performed on stage with a western American orchestra.

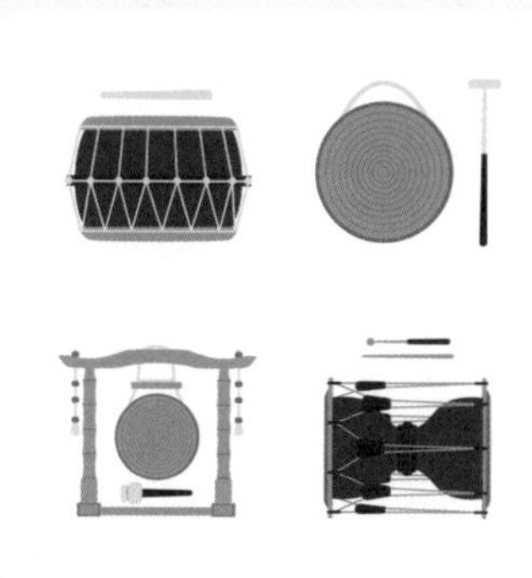

Answer Key

1 갯마을, 찐이야

읽은 내용 확인하기 P.18

1 남아프리카 공화국

2 댄스 교실에 같이 다니는 한국 아주머니들이 만들어 줬어요. 아주머니들이 좋아하는 노래에서 나오는 말이 찐이에요.

3 ④

4 ①

5 한국어로 학생들 이름을 읽을 수 있었어요.

6 ③

핵심 문장 구조 P.26

1

1) 시간이 없어서 밥을 먹으면서 공부해요.

2) 피곤해서 졸면서 일해요.

2

1) 미국 오레곤에 사는 에밀리는 K-pop을 좋아해서 한국어를 배우기 시작했어요.

2) 한국어를 배우는 사라 씨는 음식을 잘해서 여러가지 한국 요리를 할 수 있어요.

3

1) 에밀리를 처음 만났을 때 잘 웃지도 않고 말도 안해서 친해지기가 어려웠어요.

2) 매튜 씨는 한국에 갔을 때 영어를 할 수 있어서 돈을 벌 수 있었어요.

4

1) 공부하고 보니 한글은 쉽지만 한국어 문법은 어렵네요.

2) 음식을 만들고 보니 반찬은 많지만 국은 없네요.

핵심 문장 구조 연습 P.28

1 날씨가 좋아서 강을 보면서 산책해요.

2 회사에 다니는 유진 씨는 야근을 자주해서 너무 피곤해요.

3 리아 씨가 대학을 졸업했을 때, 마침 대만에서는 고속도로를 만들고 있어서 한국의 대기업들이 대만으로 들어오게 됐어요.

4 한국 라면을 먹고 보니 아주 맵지만 맛있네요.

5 예시 답안 소주를 먹고 보니 쓰지만 기분이 좋았어요.

2 댈러스(Dallas)에서 제주도까지

읽은 내용 확인하기 P.38

1 ③

2 카페에서 커피 마시면서 혼자 공부했고 온라인으로 한국어 선생님과 공부했어요.

3 알래스카에서 살았기 때문에 제주도 날씨를 두려워하지 않아요.

4 ②

5 코비드 검사를 하고 2주 동안 격리해야 했어요.

6 ④

핵심 문장 구조 P.46

1

1) 저는 한국에 가면 인사동을 거닐면서 구경할 거예요.

2) 가을이면 등산하면서 단풍을 보고 싶어요.

2

1) 요즘 한국 음식이 유행인데 한국 음식을 한 번 먹어 보면 잊어버릴 수 없을 거예요.

2) 봄에는 꽃이 많이 피는데 벚꽃을 보면 한국을 좋아하게 될 거예요.

3

1) 메간 씨는 시험을 보기 전에 기본 개념을 이해하고 문제를 풀었어요.

2) 매튜 씨는 한국에 가기 전에 학교를 찾아보고 등록을 했어요.

4

1) 일주일 후면 편히 쉴 수 있어서 좋아요.

2) 놀러가면 스트레스가 풀려서 행복해요.

핵심 문장 구조 연습 P.48

1 주말에 시간이 있으면 집에서 쉬면서 책을 읽어요.

2 지난 번 라스베가스에서 BTS 콘서트가 열렸는데 콘서트를 봤으면 BTS를 좋아하게 될 거예요.

3 매튜 씨는 여행가기 전에 정보를 찾고 비행기표를 샀어요.

4 일주일 후면 여름 방학을 해서 너무 좋아요.

5 예시 답안 자기 전에 화장을 지우고 샤워를 해요.

3 블랙핑크, 에밀리

읽은 내용 확인하기 P.57

1 SM이나 YG 같은 한국 엔터테인먼트 회사에 들어가서 블랙핑크 같은 K-pop 가수가 되는 것

2 ③

3 ③

4 한국 식당에 가서 한국말로 음식을 주문하고 오빠에게 한국말을 가르쳐요.

5 ①

6 둘이 K-pop을 좋아해서 같이 춤추고 노래하고 한국어를 공부했어요.

핵심 문장 구조 P.64

1

1) 케이티 씨는 한국어를 배울 때 즐기면서 배워요.

2) 우리는 수업할 때 알래스카와 제주도에 관해서 재미있게 이야기하면서 날씨에 대한 표현을 배웠어요.

2

1) 한국에 온 지 1년이 됐지만 아직 시장에 가서 장을 못 봐요.

2) 한국어를 공부한 지 오래됐지만 한국 사람들을 만나서 대화를 못 해요.

3

1) 보통 사람들이 한국어를 배우고 싶어하면 한국 문화에 관심이 많지만 유진 씨는 아니에요.

2) 보통 남자 친구가 한국 사람이면 여자 친구는 한국 음식을 좋아하지만 혜진 씨는 한국 음식을 좋아하지 않아요.

4

1) 집으로 돌아오는 길에 제 동생은 친구를 만나서 놀이터에서 놀았어요.

2) 학교 가는 길에 문방구에 들러서 준비물을 샀어요.

핵심 문장 구조 연습 P.66

1 감기에 걸렸을 때 기침이 나면서 열이 났어요.

2 요리를 배운 지 얼마 안됐지만 밀가루와 여러가지 재료를 섞어서 레몬 쿠키를 만들 수 있어요.

3 겨울이면 비는 조금이라도 오지만 눈은 아니에요.

4 퇴근하는 길에 빵집에 들러서 빵을 좀 사갈까요?

5 예시 답안 감기에 걸렸을 때 재채기가 나면서 열이 났어요.

Answer Key

4 싱가포르 대장금

읽은 내용 확인하기 P.75

1 ④

2 ③

3 종류 별로 고기 요리를 하고 한국식과 싱가포르식이 어우러진 상차림이라서 놀랐어요.

4 ③

5 두 가지 문화가 잘 어우러져 있다.

6 두 문화 중에 어떤 것이 나은지 판단하지 않고 자연스럽게 받아들여요.

핵심 문장 구조 P.82

1

1) 유진 씨는 놀이 공원에 가려고 버스에서 내려서 지하철을 탔어요.

2) 좋은 성적을 받으려고 도서관에 가서 열심히 공부했어요.

2

1) 우리 엄마는 빵을 좋아하기 때문에 친구 집에 갈 때마다 빵을 사가요.

2) 우리 형은 수영을 잘하기 때문에 대회에 나갈 때마다 일등을 해요.

3

1) 스파게티는 이탈리아 대표 음식인데 스파게티 국수를 삶고 토마토 소스로 비벼서 먹는 거예요.

2) 떡국은 한국의 대표음식 중의 하나인데 소고기 국물을 만들고 떡을 넣어서 먹는 거예요.

4

1) 김밥은 익힌 야채를 사용하는데 스시는 생야채를 사용하고 생선을 밥에 넣어서 만들기도 해요.
2) 작년에는 에밀리 가족이 엄마를 보러 바다에 갔는데 올해는 엄마를 보고 식당에 들러서 한국 음식을 먹었어요.

핵심 문장 구조 연습 P.84

1 건강해지려고 일찍 일어나서 운동해요.

2 산을 좋아하기 때문에 시간이 있을 때마다 친구랑 등산을 해요.

3 비빔밥은 한국의 대표 음식인데 밥과 여러가지 야채를 넣고 고추장으로 비벼서 먹는 거예요.

4 주중에는 회사에서 열심히 일하는데 주말에는 K-드라마를 보고 한국 음식점에 가서 식사를 하기도 해요.

5 쌤, 안녕하세요?

읽은 내용 확인하기 P.93

1 ②

2 한국에서 생활하면서 돈이 떨어져서 고민하고 있는데 어느 대학생이 전도했어요.

3 사람들끼리 도와주는 정이라는 문화와 소주와 삼겹살을 먹으면서 우정을 쌓는 문화

4 ③

5 ④

6 아침 일찍 일어나야 하고 빨리 커피를 만들어야 하고 쉬는 시간이 짧아서 잘 쉬지 못해요. 겨울에는 새로운 상품 때문에 손님이 많아서 너무 힘들어요.

Answer Key

핵심 문장 구조 P.100

1

1) 길에서 우연히 친구를 만났는데 점심을 먹어야 돼서 우리집에서 음식을 만들어서 먹었어요.
2) 사라 씨는 요리를 잘하는데 오늘 치킨 라이스를 해야 해서 중국 마켓에 가서 장을 봤어요.

2

1) 이 아가씨가 너무 똑똑하고 예뻐서 매튜 씨는 감히 사랑한다고 이야기할 수 없었어요.
2) 방이 너무 더럽고 냄새가 나서 유진 씨는 청소를 할 수 없었어요.

3

1) 남자친구가 술을 좋아하기 때문에 싫기도 하고 착하기 때문에 좋기도 해요.
2) 음악을 좋아하기 때문에 유튜브로 노래를 듣기도 하고 드라마를 좋아하기 때문에 넷플릭스를 보기도 해요.

4

1) 노래 연습을 하다 보면 목이 아프기 때문에 약국에서 약을 사서 집에 와요.
2) 계란후라이를 하다 보면 계란이 타기 때문에 기름을 더 넣어서 해요.

핵심 문장 구조 연습 P.102

1 친구 생일인데 선물해야 해서 은행에 가서 돈을 찾았어요.
2 물가가 너무 비싸서 장을 보지 못해요.
3 겨울에는 눈이 오기 때문에 집에서 운동하기도 하고 봄에는 따뜻하기 때문에 밖에서 운동하기도 해요.
4 수업을 듣다 보면 피곤하기 때문에 스타벅스에 가서 커피를 마셔요.

6 오~ 나의 사랑, 한국 문화

읽은 내용 확인하기 P.112

1 ③

2 ①

3 소리 하나하나에 관심을 가지면서 배워요. 좋아하는 소리가 있으면 "I like it."라고 여러 번 말해요. 그리고 사랑스러운 마음으로 배워요.

4 한국어가 모국어이기 때문에 한국어에 대해서 생각해 본 적이 없어요.

5 ③

6 얼굴을 숄로 감싸고 있었고 헐렁한 옷을 입고 있어서 마치 귀신처럼 보였어요.

핵심 문장 구조 P.120

1

1) 제주도에 대해서 많이 들었기 때문에, 제주도를 여행하는 게 소원이에요.

2) 제 취미는 춤추기이기 때문에 학교에 갔다 와서 춤을 추는 게 좋아요.

2

1) 공항에 도착하자마자 몇 시에 비행기가 출발하는지 확인했어요.

2) 음악을 듣자마자 누가 이 노래를 부르는지 찾아 봤어요.

3

1) 시험을 못 칠까 봐 걱정이 돼서 열심히 공부했거든요.

2) 잠이 안 올까 봐 걱정이 돼서 커피를 못 마시고 있었거든요.

4

1) 매튜 씨는 조지아주에 사는데 스타벅스에서 일하면서 새로운 일을 찾고 있어요.

2) 리아 씨는 대만에 사는 사람인데 회사를 다니면서 한국어와 영어를 공부해요.

핵심 문장 구조 연습 P.122

1 케이팝을 좋아하기 때문에 친구들과 같이 케이팝을 듣고 춤을 추는 게 즐거움이에요.

2 그 드라마를 보자마자 누가 OST(sound track)를 부르는지 찾아봤어요.

3 이번 학기에 성적이 나쁠까 봐 걱정돼서 열심히 공부하고 아르바이트도 안 하거든요.

4 우리 동네에 카페가 있는데 가끔 가서 커피 마시면서 컴퓨터 해요.

7 내 인생의 전환점, 한국어

읽은 내용 확인하기 P.132

1 ①

2 졸업할 때 쯤에 대만에 한국 기업이 많이 들어와서 한국어 할 줄 아는 사람들을 뽑았기 때문에 취직이 됐어요.

3 ③

4 한국 지사랑 일할 때 한국말을 할 수 있는 사람이 필요해서 리아 씨가 이 일을 맡게 됐어요.

5 ④

6 아침에 밥과 국을 먹는 것과 약혼식을 하지 않는 것

핵심 문장 구조 P.140

1

1) 아이를 키우는 것이 힘들어도 사랑이 있으면 잘 할 수 있어요.

2) 문제가 어려워도 공부하면 풀 수 있어요.

2

1) 음악을 들으면서 공부하기 때문에 집중이 잘돼요.
2) 대만 친구와 한국어를 공부하면서 한국과 대만을 비교하기 때문에 한국어 공부가 재미있어요.

3

1) 가르치는 것을 좋아해서 선생님이 되고 싶었던 찐이 씨는 드디어 한국에서 학생들을 가르쳐요.
2) 일이 많아서 야근을 했던 김과장님은 다음날 지각했어요.

4

1) 같은 집에서 살면서 같이 밥을 먹다 보니 한 가족이 됐어요.
2) 제주도에 대해서 이야기하면서 유튜브를 보다 보니 제주도에 가고 싶어졌어요.

핵심 문장 구조 연습 P.142

1 남자친구랑 싸워도 친구들이랑 노래방에 가서 노래를 하면 기분이 좋아져요.
2 한국 드라마를 보면서 한국어를 듣기 때문에 한국어 배우기가 쉬워요.
3 공부를 많이 못해서 스트레스를 받던 리아 씨는 시험에 떨어졌어요.
4 서로 존중하고 사랑하면서 살다 보니 두 문화 속에서 자연스럽게 살게 되고 즐거워졌어요.

Korean to English Glossary

1 갯마을, 찐이야

갯마을 seaside village

터번 turban

모습 appearance

아가씨 Miss, young lady

별명 nickname

남아프리카 공화국 Republic of South Africa

자음 consonant

모음 vowel

자막 subtitle

어촌 마을 fishing village

가사 lyrics

초등학교 학생 elementary school student

고등학교 high school

회계사 accountant

영수증 receipt

성 family name

수수께끼 riddle

(수수께끼가) 풀리다 to be solved, to be relieved, the passive form of 풀다

2 댈러스(Dallas)에서 제주도까지

예능(쇼) Korean variety shows

보물 treasure

국제학교 international school

필요하다 to need, to be necessary

50종류 이상 more than 50 kinds

썰매 sled

태평양 Pacific ocean

코비드 검사 Covid-19 testing

격리하다 to quarantine

다행히 fortunately

기분이 들뜨다 to be excited

여정 journey

추억 memory

혹시 by any chance

행운 luck

3 블랙핑크, 에밀리

오디션을 보다 to audition

빠져들다 to sink into, to be absorbed into

꼬마 아가씨 little girl

(눈) 뜨다 open (eyes)

발음하다 to pronounce
기모노 a Japanese traditional costume
병 disease
유골 cremated remains
뿌리다 sprinkle
극복하다 to get over
단어장 vocabulary list
뿌리 root

4 싱가포르 대장금

한류 K-wave
특이하다 to be unusual
국물 broth
초기 early
뼈 bone
섬유질 fiber
빨간 고추 red pepper
종류/종류별 kind/an array of, each kind of
주인공 main character
조화롭다 to be harmonious, 조화롭게(adv.) harmoniously
안타깝다 to feel sorry, to be a shame, to be a pity
표정 facial expressions, look

은퇴하다 to retire
존중하다 to respect
표현 expression
어우러지다 to go together, to mix, to mingle
역할 role
판단하다 to judge
세계화 globalization

5 쌤, 안녕하세요?

아무도 nobody
유머 humor
속 inside (=안)
청년 youth
인연 destiny, to be meant to be together
호기심 curiosity
정치학 politics
마침 It just so happens that...
자매학교 sister school
교환학생 exchange student
꿈에 그리다 to dream
하나님 God
전도하다 to evangelize
동아리 club
일기예보 weather forecast

불교 Buddhism

감히 dare to

무언가 something

관련되다 to be related to

미래 future

희망 hope

6 오~나의 사랑, 한국 문화

여유롭다 to be laid back

주 state

호기심 curiosity

소리 sound

모국어 native language

대박 to be cool, awesome, O.M.G.!, No way...

독하다 to be strong

넘다 to be over

직원 staff

귀신 ghost

감싸다 to cover, to wrap

헐렁하다 to be loose(-fitting)

정보 information

얻다 to gain, get

이외에도 In addition to

7 내 인생의 전환점, 한국어

전환점 turning point

선택 choice

스스로 oneself

다국적 기업 multinational corporation

경영학 business administration

필수과목 required course

초반 early

고속도로 highway

대기업 large corporation

시기 time, moment

화교 overseas Chinese

옮기다 to move

본사 headquarter

지사 branch

위기 crisis

인수 합병 mergers and acquisitions(M&A)

업무 task, work

넘기다 to pass over

갈등 conflict

잔소리 nagging

상황 situation

돌파구 breakthrough

일상적인 대화 everyday conversation
약혼식 engagement ceremony
집안 family
무시하다 to look down on
단순히 simply
오해 misunderstanding
공연 performance
살리다 to save
살아나다 to come alive
위로 consolation

Jeongsoo Pyo (jspyo1998@gmail.com)

Ph.D. in TESOL, Ohio State University/M.A. in TESOL, New York University/
M.A. & B.A. in French Literature and Linguistics, Ewha Womans University

- Present Online Korean Instructor
- Former ESL Adjunct Assistant Professor, Urbana University, Urbana, OH
- Former K-12 ESL Instructor, Korean Asian American Community Services, Columbus, OH
- Former K-12 Bilingual Aide, Dublin School District, Dublin, OH
- Former Korean Instructor/Vice Principal, Korean American Community School of Central Ohio, Columbus, OH

For High Beginner Level Learners

First Published and distributed in Dec. 15th, 2022
by HangeulPark
Sisa Bldg, 300, Jahamun-ro, Jongno-gu, Seoul, 03017, Rep. of Korea
Tel • 82-1588-1582
Fax • 82-0502-989-9592
E-mail • book_korean@sisadream.com
http://www.sisabooks.com

Publisher • Taesang Eum

ISBN 979-11-6734-032-0(13710)

Printed in Korea